JN206249

障害マストゴーオン!

SHOGAI MUST GO ON!

福本千夏

イースト・プレス

illustration
死後くん

bookdesign
アルビレオ

はじめに

「障害者」という言葉で、あなたは、どんなことをイメージする？　「そういえば、小学校の時のあの子」「いとこがダウン症で……」など思い浮かぶ顔がある人もいるだろう。えっ？　昨日観たドラマの主人公が障害者だった？　今朝、白杖《はくじょう》をついた人とすれちがった？　と考えると、障害者も健常者同様、多種多様ですよね。ちなみに、私は脳性まひというやっかいで楽しい障害者です。あっ、脳性まひの症状が一人一人違うことも明記しとかなきゃ。

健常者の夫は十二年前にこの世から去り、息子は独り立ちし、一人暮らしのおともに「うさぎと亀」を飼おうと思っている五十七歳です。

年々体が動きにくくなっていく私は、科学の力で突然ピンシャン動けるようになる可能性も1パーセントぐらいはあるかもしれない。が、健常者がやっぱり羨ましいです。

だって、行きたい時に行きたいところに行ける。車だってバイクだって自転車にだって乗れる。ラーメンだってすすれるし、伝えたいことをスムーズに話せる。

人になにかをお願いせずに、思ったことができるじゃん。自分で選択して、どんなこともできるっていいな、いいなって。でも、ある時、近しい健常者にこんなことを言われた。

「福本さんって普通じゃないですか。フッーに結婚して、フッーに子ども産んで、フッーの人生ですよ。それに比べて私なんて……」

中学校の座談会で、三十半ばの先生からは「普通にお仕事もされていて、本まで出版されて、フッーの僕たちが夢見てもなかなかできないことを……もう望むことなんてないでしょ?」と。

「あるある。首の痛みを気にせず、毎日を過ごしたい」

「ほかには?」

と今度は生徒から質問が来る。

「水をごくごく飲みたい」

「えっ、水飲めないんですか?」

「うん。のどの筋肉も落ちて来て、ごっくんってするのが大変でね。溺れそうになる」

と答える。すると、

「水泳も苦手？　顔は洗えますか？」「のどは渇かないんですか？」「水の代わりにアイスクリームを食べれば？」

おっとっと、話があらぬ方向に行く。

で、その屈託ない中学生たちの前で、「あれっ、私の障害っていったいなんだろう？」って、一瞬頭が真っ白になっちゃいます。

障害者と呼ばれる人にも健常者と呼ばれる人にも本当にいろいろな人がいるのよね。一人一人価値観も違うし、大事にしたいものも違う。で、みんな病気もすれば、体や心が傷ついたりもする。でもでも、みんな、人の言葉や思いや人との出会いで元気になったりもする。そこは、障害者も健常者も関係ない？　のかなーって思う。

そして今、こうして子どもたちと他愛ないことを話している。ひょっとして、こんなふうに言葉を積み重ねていけば、互いのことも少しずつ理解できる？

障害者VS健常者の関係から抜け出せるかも？

この時、心の中でカーンとゴングが鳴った。

よしっ！　その考えをより深めるために、私が六年間働いたり、いろいろな人と関わったりする中で感じたことを、書く！

これは、障害者と健常者の溝を埋めるための挑戦だ。行くぜ！

CONTENTS

1

私、働いてました

五十歳からの就職は、普通でも厳しいものらしい。まして、なんの技能もなく、あるのは「特殊」な体だけ。こんな自分が五十歳から働く経験をするなんて思ってもなかった。働くって普通の人ならそんなに「特別」なことではないはず。でも、私にとっては、働くって……やっぱりタイヘンでした。あっ、まわりも!?

夫の他界後、三年ぐらいすると、生活も落ち着き、気持ちも少し前を向きだした。この年、母を恐る恐る見守っていた息子も、まさかの大学復学。条件のいい奨学金に該当する年齢ではなくなっていた彼は、土下座をした。が、これ以上貯蓄を切り崩すのはやばいかも。

そんな時、被災地の障害者を支援する認定NPO法人「ゆめ風基金」で働くチャンスが舞い込んだ。よし！　働こう。働いた経験もなく、お役になんて立てそうにはないけれど、踏み出してみよう。と、五十歳の社会人デビューだった。

職場で学ばせてもらったことも多い。いろいろな人にも出会わせてもらった。働くご縁がいただけていなかったら今の私はない。自分で働いてみて、それまでの夫の稼ぎで家族三人の生活の糧を得、家庭の中で主婦として生きた時間に、深く感謝した。……が、大学を卒業してから教師になった息子の、毎日の苦労と喜びも想像できた。

1  私、働いてました

入職から六年経ち、気づくと五十七歳。息子にも母の後ろ姿はいらなくなった。職場の空気はまあ、いい時もそうでない時もあるよね。それぞれの思いや思惑がある人が集まる場所だもの。それはスルーするにせよ、不随意運動で振り続けた首が痛い。心臓の一部が時おり余分に動くことも発覚した。

はてさて、ここからどうやって生きるか？　改めて私は障害者が働くことの意味を考える。もちろん、日本は資本主義。労働という形で労力や時間を使い、お金を得てお金を使い、生きる。その社会システムの中に障害者が組み込まれていないのは、おかしい。

あなたは、なぜ働いていますか？　あなたの職場には障害者はいますか？　あなたは重度障害者が働く姿を想像できますか？

「専業主婦」からの「働く」って？

働かずして生きていく人生を選択したはずであった。

結婚後すぐに身ごもり、子育てと同時の専業主婦生活。朝、夫を見送り、田舎の教職員住宅で乳飲み子と二人。汗と涙、おしっことウンチと泥にまみれ、見知らぬ土地ではじめましての人たちに支えられての毎日。

それは今のインスタグラムやフェイスブックに載せられるような暮らしぶりではなかった。でも、毎日が新鮮な風景として、心のアルバムにストックされていった。

息子も大学進学し、少し広めのマンションも購入、これからは少しゆったりとした夫婦の時間も持てる。そんな矢先、夫が腎細胞癌《がん》を発症。約二年の闘病生活を経て、二〇〇八年に他界した。葬儀の翌日から、

「あなたが逝くのなら、私も連れていって」

狂わんばかりに泣き続けた。

あれから十二年。あの日のわがままも弱さも残したまま、私は脳性まひと一緒に生

きている。心配そうに微笑《ほほえ》み、支えてくれる友人知人は、顔ぶれを変えながら、今も確かにいる。

二〇一二年からは、ＮＰＯ法人「ゆめ風基金」の職員として週三日勤務するようになった。

入職して四年過ぎた頃、熊本で大地震が起きた。この時、矢も盾もたまらず熊本にボランティア入りした健常者も、職員に加わった。彼の無駄にややイケメンな風貌が、時に伏魔殿チックに感じていた職場の空気を少し変えた。そう感じたのは、息子の独り立ちに一抹の寂しさを覚えていた私だけだったろうか。

職場というのは「今のは、少しいじわる？」「ちと理不尽！」そう言いたくなる言葉が時おり飛び交うものだ。が、負けることなく負かすことなくが大事なのだ。これも彼から学んだ。

息子は就職し、学費負担からやっと解放された。親の務めはここまでにして、ぼちぼちこの場を離れようかとも考えた。が、言葉と心を通わせる人にせっかく出会えたのだ。

勤務六年目のイチョウの葉が舞うこの日。東京に転居する友人が職場を訪ねてくれ、隣の喫茶店でランチをすることになった。映像作家を志す彼とは、夫を亡くし悲しみの遠吠《とおぼ》えをしていた頃に友達になった。

「千夏さん、ほんとに働いてるんだ」

「うん。君の専業主婦にはしていただけないでしょ」

言語障害が強い私だが、彼の前だとなぜかすっと言葉が出てくる。

「ははは、僕稼ぎ少ないし」

「東京へは一人で？」

「はい、とりあえず。あっ、僕、父になるんで。彼女は体調が落ち着くまで大阪に」

同棲《どうせい》からのでき婚か。まっ、それも時代だ。

「えっ、それはそれは」と言いながら、今日は手持ちが少なく、お祝いをどうしようかと気はそぞろ。

「聞いてる？」

ハンバーグを頬張《ほおば》る私が食べることに夢中と見えたのか、

「千夏さん、どう思います？」

彼は少し明瞭な声を出す。

「えっ、なにが？」

「僕、てっきり彼女は籍を入れてしばらくは育児に専念するのかと」

「違うんだ？」

と顔をあげる。

「仕事の段取りや名前を変えるタイミングなんかもあるみたいで。それに彼女は金あり、きれい、苦労なしの専業主婦は望めないとわかってる」

「いい子じゃん。それでもあなたに惚《ほ》れてて、子どもを宿したんだから。大事にしなさいよ。私も専業主婦とはいえ、子どもが小さい時は金なし、汚い、きついの３Ｋだったよ。私は大した仕事もしていなくて、夫がいれば、なにもいらなくて、尻尾振って喜んでついて行ったけどね」

「実際、生活はやっていけたんですか」

「結婚後の四年くらいは田舎の官舎住まい。夏はみんなＴシャツに短パン、冬はジャージ。手取りも、これって半月分？　って思ったぐらいの額でね。でも、売ってるものも今みたいになくて、海と山に囲まれてのプチ自給自足生活だったからやっていけた」

　つるし柿、アジの干物、お茶摘み、梅ジュース。あっ、ヨット持ちの人とクルージングもしたな。そんなことを思い出す。

「甲斐性《かいしょう》って財布の中身だけじゃないよ。子どもはまっ、計画も大切なんだろうけど授かりものだしね。……ところで、あなたの父になる覚悟を高める福沢諭吉さんを今日は連れて来てなくて……」

「あはは、さすが社会人うまく言いますね」

「だろー」

　笑う私を横目に、

「あっ、もうこんな時間。休憩時間、過ぎちゃってますよ。僕も新幹線の時間が。ごちりますよ。遅まきながらの就職祝い」

　席を立つ彼を見て、私は慌てて残りのコーヒーを飲み干す。

　それから三か月後「千夏さん、今日は諭吉さんに会いに来ました」と軽やかな表情で牛筋カレーを頬張る彼に、問う。

「どーよ。調子」

「彼女、つわりもおさまって東京に来てくれて。仕事も今はネットで続けてて」

こいつ、ベタ惚れじゃん。友人の幸せ話はまあいいんだけど、独り身にはちと寂しく感じる。

彼の視線を感じ、「なによ」と私はカレーをすくいながら目を合わせる。

「いや、別に……。あっ、職場の千夏さんの向かいの人は専従？」

「そう二年前に入ったのよ。彼、先月育休を申請した。私が言うのもなんだけど専業主婦は、これからの女子にはあまりおすすめできない。突然廃業するリスクもあるし、つぶしもきかない」

「まあ、千夏さんの時代は、専業主婦も職業の一つだって社会から思われていたかもしれませんが、今の時代は共働きでないとやってけませんから」

「だから、これからは女の子も男の子も関係なく育休がとれたらいいのにね。はい」

私は祝い袋をそっと差し出す。

「うわっ。千夏さんの労働の賜物《たまもの》。あざす」

働くってきついけれど、託されることがあるって、ありがたい。それに、社会との接点を持ち続けるって大事だ。

毒親卒業なるか

私は決して労働に向く障害者ではない。効率よくなにかを生産するおこないを労働と定義づけるなら、労働は不可能だ。

大学四回生の就職活動時、社会に出ていこうとする私に大きな壁が立ちはだかった。脳性まひというキャラクターが重度障害に変わった瞬間だ。

まず言語障害があるため、電話応対が不可とされた。手足の動きがぎこちないので、書類整理や事務仕事も不向き。

「僕が人事だったらね……。君、明るいし素直そうだし」

慰めにならない言葉を就職面接のたびにかけられた。

大阪では、一般企業も福祉現場での事務職も採用ならず、滋賀県にある信楽焼きの工場で、事務員として働く場を得た。勤務時間は十時から三時まで。温かい手作りの昼食付き。そんなゆるーい場所で二年足らずお世話になり、寿退社。教員採用試験に合格した夫からプロポーズされた。

人間の隠された恐ろしさも社会の荒波も知らぬまま、真っ白なウェディングドレスに身を包んだ。そして、自分の足で自分の人生を歩くことなどまったく考えず、夫との関係だけで成り立つ家庭にずっといた。

そこにいれば、そこで待っていれば、心の平穏、安定した暮らし、快適な人間関係、社会的信頼が得られていた。あの頃、私は幸せだった。幸せすぎて、それに気づくことさえできなかった。

夫の存命中、私は職業欄に無職と書かず、ずっと主婦と書いていた。心のどこかで、私は無能じゃないの。私は夫に愛される存在なのとアピールしたかったのかもしれない。

夫がいることが前提の人生。

その夫が目の前から消えた。ありえないことだった。あってはならないことだった。

夫の死後、生きることに絶望し、死んだように生きていた私を息子はどう思っていたのだろう。この時、彼は理工学部、機能分子化学科に籍を置いていた。が、

「俺は、生命の研究がしたかった。けど、父ちゃんが死んで意味がなくなった」

と言って、大学を辞めた。夫の一周忌、夫のご両親には、このことを告げられな

かった。

　中退を許せない私は、怒りのあまり
「あんたが代わりにいけばよかったのに」

　非情につぶやいた。ごめんね。母さんはあの時、君を父さんの代わりにしたかった。まだ十九歳だった君にしたら、それはとても重たくて息苦しかっただろうに。自分の足で立とうとしない、子どもにすがるこの毒親の一言について
「俺が父さんを亡くしたことは、悲しくてつらいけどしかたがない。けど、あの瞬間、母さんも亡くした気がした。このほうがきつかった」

　彼はのちに語った。

　三回忌も過ぎ、しばらくした頃、

「おかん、頼みがある。家に金あるん？　もし可能なら、俺もう一度大学に行かせてほしいんや。教師になりたい」

　床に頭をつける息子の姿にハッとした。

「お金……あるかなんて、私、父さんが逝ってから考えたことなかった」

　息子は、「えっ」と顔をあげて、肩を落とす。

人は悲しいと泣いているだけの時は、涙でなにも見えない。悲しみ以外の感情を持たずに日々を過ごせる。私は夫が死んだ悲しみに必死にしがみついていた。きっと、悲しみから出るのが、怖くてしかたがなかったのだ。

このままじゃあかん！

働かなきゃ！　お金がない！

さらに追い打ちをかける出来事があった。

私は二十二歳の時、障害者認定を受け、夫が逝くまで障害基礎年金を受給していた。だが、夫の死後、障害基礎年金は止まり、健常者同様の遺族共済年金のみになった。勤務年数が二十年足らずの夫の、遺族共済年金の金額は、障害基礎年金とほぼ同額。それが母一人食べていくにも厳しい額だと知った息子は、年金相談センターに出向き訴えた。

「母の脳性まひという障害はなくなったわけではない。むしろ、年々悪化している。なのに、なぜ障害基礎年金が止まったんですか。健常者のように働く体力もない。雇ってくれる場所もないのに」

一人一年金という制度を、人生で一番悲しかった時に息子と知った。社会の一方的な都合で、私は障害者ではなくなったのだ。

そんな追い込まれた状況もあり、私は進化（悪化）する脳性まひと付き合いながら、息子の大学再入学のため一念発起、鈍っていた生活者としての生きる勘や経済感覚を少しずつ取り戻していく。

父の大きな背中はなくなってしまった。

ならば、優しい顔もできなくなった私が、丸まった小さな背中でも見せてやるか……。教師になりたいという息子を信じて。

チャンスはもうない、鈍感力で社会に出ちゃえ！

いったい、我が家の蓄えはいかほどなのか。私の寿命がわかっていたら必要な生活費の総額もわかるのに。そんなことを考えていた矢先、河野《かわの》のおっちゃん（二〇一七年他界）からお声がかかった。

「今もこれからも、あんたを好きやと思う人もそうやない人もいる。でも、あんたは生きてかなあかん。いろんな経験したら、生きることの深みも出る。みんなが大歓迎というわけではないけれど、ゆめ風に……。最低賃金は守るで。障害者を労働者として見てない作業所とは違う」

私が河野さんに出会ったきっかけは、障害者問題総合誌『そよ風のように街に出よう』（障害者問題資料センターりぼん社）だ。彼はりぼん社の編集長で、地震などで被災した障害者を支援する団体「ゆめ風基金」の副理事でもあった。

私は一度だけのつもりで書いた子育てエッセイを、雑誌が廃刊になる二〇一七年までかれこれ二十年書き続けた。対談文を書いている時は「あんた、エッセイもおもろいけど対談文も向いてるかもしれん。あんたが話しづらい分、向こうが心開いて話してくれる。事前に最低限の知識を入れてることも相手に伝わってるし、言葉のキャッチボールができてる。あんたはそれを楽しんで文章に起こしてる」とまあ褒め上手だった。が、時には愛ある厳しい言葉を放つ。

夫が三度目の癌転移で入院した。この時、希望的な治療方法はない状態だった。静まり返る夜中の病院から一度だけ、おっちゃんに電話をかけた。携帯を持ったままなにも言えない私に「今は泣くな。歯食いしばれ。ほんまにつらいのはあんたと違うやろ。はよ、病室に戻れ。一緒にいる今の瞬間を大事にしろ。それが希望になる」と諭すように言った。彼はこの一年前に連れ合いさんを癌で失くしていた。

そういえばおっちゃんは、私が夫を失くしてから「食うてるか。食えてるか」と、ぶっきらぼうな口調でいつも聞く。「ゆめ風に……」と言われる時まで私は「食えてるか」の真意がわからなかった。河野さんは我が家の経済事情をずっと気にかけてくれていたのだった。

私は、この時よく会っていた介護者兼友人のあずみちゃんに相談する。

彼女は幾度か転職をし、山好きが高じて、林業で地域おこしをする仕事に就いたばかりだった。りぼん社にもゆめ風にも一緒に行ったことがある彼女に、

「コネに近いご縁で、こんな年のおばさんが入社してもええんかいな……」

煮え切らなく言うと、くすくす笑いながら、

「だからコネなんじゃん、千夏さん！　なにか資格ある？　なにができるん？　コ

ネって言うけど、それってある意味ものすごく信頼されている証拠なんだよ」

ゆめ風は、災害で被害にあった障害者に、団体や個人からの基金を贈るところ。その大事な情報もこの人なら悪用しない、と信頼してもらっているのかなあ。

「問題は入ってから。あの子コネだからねえ、この子コネなのにねえ、なんて言う人がいるかも。だけど、その人は要するに千夏さんを好ましく思ってないだけ」

「ゲー、どどどうすればいい」

私は青ざめる。

「あはは、しょうがないよ。どこにでもいるもの。そんな人。っていうか、世の中そんな人だらけ。ただ、そのことに千夏さんは気づかなくても生きてこられただけ」

「そっ、そうだったんだ」

「千夏さん鈍感だから、大丈夫かも。私も新しい仕事で岐阜のお山に引っ越したら、今みたいに頻繁に遊べなくなるし。それに働く千夏さん、私が見てみたい。社会に飛び出しちゃおうか」

その日、早速彼女は私に代わってパソコンで履歴書を書き、「これでいいね。あとは、ちなってぃ、がんばれー」と送ってしまった。「わわわわー」としか言えない私

の肩を両手で押さえながら、

「あのさー、こんなチャンスはめったにないよ。というか、もうない！　ある意味、社会なんて出たもんがち。千夏さんが音をあげない限り大丈夫だから。どうしても嫌になったら、またその時に考えればいい。その前に……書類選考や面接で落っことされるかもしれないしね。あっ、言っとくけどそれは健常者も障害者も同じなんだからね」

彼女はにっこり微笑んだ。

私はこっくりうなずいた。

みんなが働きやすい職場って？

二〇一二年七月、祇園祭《ぎおんまつり》の鐘が聞こえる中、電話で採用が知らされた。うれしそうに報告する私を、友人は喜ぶよりまず心配した。

重度障害者で、働いたことがない。パッパと物事を考え、それを口にできなくても、周囲の粋な計らい（いい意味での忖度《そんたく》）で生きてこられた私が、健常者の中で働く姿をイメージできなかったんだと思う。

三人家族の時のように、はつらつとはせず、どんより過ごす日も多かった。秋からの採用と聞いていたので、まずは体力作り！　と思っていたら、二週間後の来月から来てくださいとのこと。だから、「私、誰からもなんの期待も成長も求められてこなかった。ある部分、子どものまま時間が止まっているような私が働けるんだろうか。そもそも、働くってどんなことなんだろうか」なんて悩む間もなく社会に出た。だめになったら……その時に考えよう。

初出勤の電車の中、岐阜に行ったあずみちゃんからメールが届く。

〈件名：先輩ＯＬから三つのアドバイス〉
一、お給料が出たらまずは自分が仕事で使うもの（服やバッグなど）を買う。
二、わからないことは聞く。
三、人と比べず、きつい時は休む。

「とにかくゴー」と週三日の勤務を開始する。

私はそこで初めて、重度障害者が働くことを支援するためのさまざまな制度があることを知る。障害者を雇用した事業所には、障害者が働く環境を整えるための助成金がおりる。ゆめ風はこの時、二名の同い年の女性障害者を雇い入れた。

まだなんとか動けていた脳性まひの私と、電動車いすを操る彼女。支給物資も限定され、助成金額も上限はあるが、すぐさま自動ドアと多目的トイレは設置された。私はノートパソコンと体幹を支える椅子を希望した。

仕事の経験がないに等しく、パソコンにもかなり疎い私だが、懸命に働く義務と共に、納得できる固定給、人員的にも補佐される権利がいただけた。

ほかに、ジョブコーチ（職場適応援助者）、通勤介護、家賃補助の制度などもある。

これらの制度以上に私がなにより驚き、ありがたかったのは、働いている時間は夫を喪失した悲しみから離れられることだった。出版物の訂正シール貼りに始まり、入力作業、校正と、働くイメージもできていった。人は経験の蓄積で正しい想像ができる。

ところが、トライアル雇用を終えて雇用契約した途端、背中に激痛が走りベッドから起き上がれなくなった。職場での冷房が原因だった。

脳性まひ者は冷えると筋肉がさらに緊張し痛む。この現象は加速度をつけて増し、入職五年目には猛暑前からの冷房で右足が拘縮しだした。

時おり、真夏でも足元の電気ヒーターをつける。が、健常者より一関節小さい親指しかお役に立たない左手にも、壊死していくような冷たさと痛みが走る。みんな気遣ってくれたが、七年目の職場の夏は、乗り切れなかった。

　スタッフの中には私と真逆の方もいる。冷房がしっかりきいていないと体がつらいのが見てわかる。血圧が高い、低い、のぼせ症、冷え症などなど。人の体は千差万別だ。みなさん、どうやって職場の冷え問題に折り合いをつけているのだろうか。

　私の場合、夏でも朝から湯船につかり、カイロを貼り、体を温める漢方薬を飲み、出勤に挑んだ。勤務時間の変更も考えたが、自分一人で職場に行けず、就労規則もあり、これも難しかった。障害者だからこそ、フレックスタイムや在宅勤務という多様な働き方も取りいれてほしい。

　朝、入口で「よいしょ！」と車いすの前輪を上げ、スロープの上を突き進む同僚や支援者たち。その拍子に私の体は仰《の》け反り、首が後ろにカクンとなった。痛い！

電動車いすを操る障害者と、普段車いすだが平らなところなら一人でまだ動きたい障害者が同時入職し、スロープもとりつけた。最初に付けたスロープは、長めで緩やかな角度のものだった。素材も、私の足と車いすのタイヤが滑りにくいものを二人で話し合って選んだ。

だが、ある日、近所の方がこのスロープにつまずいて転んでしまった。マンション一階フロアの賃貸事務所は、バリアフリー法施行前の建物。少しだけ歩道にかかっていたスロープは撤去された。道行く人がひっかからないように、雨水がたまらないように、出入りの業者さんが頭を抱えながら、スロープの形を変えた。

少し外の温かい風にあたりたい時も、短く急なこのスロープが足元を危うくさせる。贅沢《ぜいたく》な！　と言われるかもしれないが、私の今の足元には、この急なスロープより、手すり付きの一段の段差のほうが安全なのだ。

みんなで共に働き、地域で生きていくって難しい。

人の手を借りて働く？

自分が働くまで「重度障害者が人の手を借りて働く」ことへの偏見、正直、私にもありました。障害者の私でさえこうなんだから、世の中は「障害者が介護者を付けて働く」なんて、まだ想像の彼方《かなた》なんじゃないのかなー。

車いすに乗り、決まった曜日にエレベーターに乗る。私が通勤しているとはつゆほども思わないご近所さんもいる。

「あの病院もこの時間なら空いているの？　あそこの耳鼻科っていいの？」とエレベーターの中でこの日も聞かれる。

職場の近くには確かに大きな病院がある。どうやらこのご婦人は、そのことだけが記憶に残っているらしかった。「働きに行きます」と言うと「いってらっしゃい」と優しい声で手を振ってくださるのだが。

「おっ、どこ行くの？」

この日は顔なじみの白髪のご老人も声をかけてくださる。

「勤めに行きます」と言うと、「お勤め？　旦那さんを見送ってから随分経つでしょ、朝から感心だ。で、お宅は何派？」と問う。

とっさに「あっはい？」と、そっちのお勤めかいと思いながらも、「うちはお西さんです（西本願寺）」と答える。「そうですかー。うちはお東さん（東本願寺）です。気をつけて」と手を振られる。嘘をついたわけではないのに、なんだか仕事に行くのに少し後ろめたい気持ちになる。

そりゃー私は病院通いもお寺さんとのお付き合いも欠かせない身だ。でも、これでも働いてんの！　今日は勤務日!!

善意ある顔見知りさんとの朝の会話は、少々ズレはあるが楽しめる。きっと彼らは真相を知れば、「いろいろあるだろうけれど、がんばって」とおっしゃってくれるだろう。気を取り直して介護者と駅に向かう。

「えっ、一人で通勤ができないのになぜ働きに行くの？」「通勤や職場で介護をお願いして？　そうまでして働かなくても……」という顔なき声に私は言いたい。

「なんで障害者が介護付けて働いたらあかんの」「障害者はなんの役にも立たないってなに決めてんの」「障害者が人の手を借りて働くつらさ、あんた知ってんの？」

うわっ、ヒートアップしすぎた。が、そもそも経済活動しなきゃ生きていけない社会じゃん。そこから障害者だけが外され続けるのはおかしいと思う。

令和元年、重度障害者が議員デビューを果たした。ここでもまた「重度障害者に政治ができるのか?」というヤジが飛ぶ。が、それは健常者の新人議員と同じ。がんばる場があり、働く権利があたえられたのだから、がんばっていただかないと。そのための環境を整えてこなかったことがむしろおかしい。

そもそもヘルパー制度は、決まった区分でしか使えない。その区分に、通勤や通学はない。ごく一部ではあるが、通勤通学にもヘルパー制度が使える地域も出てきたものの、ヘルパー制度は職場や学ぶ場ではまだ使えないのが現状だ。そのため、障害者の人生は、健常者よりも、環境や家族の協力のあるなしに左右される。進学や就職をあきらめざるを得ない者も多い。

私の場合は、ゆめ風が直接契約したため、通勤介護を受けることができた。しかし、動けない身でなんらかの手段で職場に行き、協力を得て働くというのは、体力的にも精神的にも年々きつくなっていった。

入職時から比べると随分歩行が困難になり、電車の中での立位はおろか、タクシーの乗り降りも一人では難しくなった。職場では同僚からの協力も得られ、通勤介護をする事業所の支援もしてくれていた。最後まで快く働くことを支え続けてくれた事業所もある。私は彼女たちの手と足と黙って愚痴を聞いてくれる忍耐力がなければ、六年以上も職員であり続けられなかったろう。

私を支え続けてくれた上司の言葉

働いた経験がなく実用的な資格もない私に、五十歳からの職場は選びようもなかった。職場が私を選んでくれた。

まあ、案外こんなものかもしれない。が、健常者にとってはあるあることも、障害者にとっては意外で論外な出来事。まだまだ厳しい世の中だが、私はやる気とラッキーなご縁だけでＮＰＯの非常勤職員になった。

一芸に秀でていれば、あるいは自分にしかできないことを身につけていれば、飯のタネになる。だから人は学び続けるのかもしれない。ファストフード店で、参考書にマーカーを引くOL。あーあ、私は四半世紀してこなかったことだ。なにか一つだけでもこつこつ積みあげて生きてくればよかったな。

働き始める前、長年、診てもらっている鍼灸師《しんきゅうし》さんに問われた。

「福本さん、そもそも働くってどういうことだかわかってますか」

私は首を斜めにした。

「自分の本意ではないこともしなきゃいけないのが仕事。嫌なんて言っちゃダメです。でも、できないことを言われたらうまく伝え……られないだろうなぁ。きっと苦労しますよ、福本さん。あっ、まずはあいさつをしっかりすること。学校でみんなでしたでしょ？　おはようございますって」

「それは、私一人ぐらいしなくてもわかんないやって口ぱく。ついでに、合唱も国語の朗読も英語の発音練習も口ぱく」

私が平然と答えると、「えー！」と彼は仰け反る。

あのさー、私は言語障害が強い。発語にものすごい労力を使うわけよ。声を出すのがしんどいだけで、必要なあいさつはきちんとしてきたよ。これからはもっとするよ。大丈夫だって。やればできるって。地域の学校で健常児に揉《も》まれて、時にこずるさも学んで大きくなったんだよ。適応力も次第に目覚める。環境が人を変えるのよ。

「人の話をしっかり聞くというのもお忘れなく。これもできるかな」

心配そうな顔をする。

その点については……私は夫と息子との間の暗黙の了解だけで生かされてきた気がする。彼らはなにか説明する時には、無意識に私が理解しやすい言葉を選び、使っていたのかもしれない。まあ、どこのご家庭もそんなものかもしれない。

でも、さらに考えると、私はここ数年、人の言うことを必死に理解しようとしたことがない。そんな必要に迫られたこともなかった。私は自分の興味がないことは、聞いてもすぐに忘れてしまうのだ。

半年後、彼から、少し安心した面持ちで聞かれる。

「元気そうですね。で、福本さんは職場で今、なにしてるんですか」

「冊子の校正やルビ打ち、基金の参加者や物品提供者にお礼状を書いたり、簡単な事務書類を作ったり。あっ、販売管理担当なので、防災の本や災害にあわれた作業所のグッズを仕入れて売ってる。一人Ａｍａｚｏｎって感じ」

「うっそー。まさか福本さんが配送担当なんて受け取る側は夢にも思ってない」

「でしょ。世を欺いている感じがいいのよ。ゆっくりでもこつこつ間違えず」

「うん、確かに。福本さん向きだ」

「で、今はパソコンで納品管理も教えてもらっていて、受注とか納品とか預けとか請求書とか……夢に伝票が出てくる」

「すごい！　福本さんに教えているその人」

なんだ、私じゃないんだ。

まあ、確かに私の直属の上司となった一回り以上年上のなかさんは、温厚で根気強い。あきらめないことの大切さも、彼から学んだ。それでも、私は時おり目から汗を流した。

「そこはわかってるねん。でも、ここがわからん。その伝え方もわからへん」

って言えずに老眼鏡の下から汗が出ることもあった。

「何回も言ってごめんな」

「そう思っていただけるなら、わかっていることもあるので、同じ注意のお言葉は二回に一回にしてください」

真顔で、五十歳を過ぎたモンスター新人は立ち向かった。すると、

「僕もそう願いたい。でも、会社は君の納得のためにあるんじゃない」

荒らげた声が飛んできたが、次の瞬間、私にしか聞こえないように声のボリュームを下げて彼は言った。

「怒られた時、うなずくふりをするのも君のお仕事。これも時間給に入ってる。今、わからんでもいい。いつかわかる時がくるかもしれん。だから僕は何度も言います」

そして、彼は退職する数日前、こう言った。

「君は大丈夫や。最後にしっかり関われたのが君で、僕はほんまによかった」

この言葉が、なかさんがいなくなったその後も、私を支えてくれた。

託された仕事はやりがいを感じる

「人間関係　仕事」とネットで検索すると、ものすごい量の情報が出てくる。職場の人間関係に悩むのは、私だけではないらしい。

仕事の大半が人間関係の構築に費やされている。ならば退職理由の大方が人間関係ということになる。辞職届の「一身上の都合により」という言葉は、「職場の人間が嫌だから」「尊敬できる人がいないから」と書けない代用物である。

でも、よく考えると、実はその苦手な人は人生にそれほど深く関わっていない。加えて、尊敬できる人にはそんなに簡単に出会えるものではないことに気づく。

「嫌になったら考えればいい。とりあえず行っておいで」

仏壇の夫に毎朝アイコンタクトされた七年。

この、「とりあえず」に背中を押され、重い腰をあげる毎度の出勤は、同僚やヘルパーさんに支えられてのことだったと、改めて思う。私が働き生きることを応援してくれていたのは、鍼灸師さん、歯科医師さん、循環器のドクター、美容師さん、洋服屋さん、知人友人……。そして、なによりも仕事で出会った方々の何気ない言葉に喜びを感じた。だから、職場では不思議と力が湧いた。

が、翌日の疲労感は年々ひどくなる。インフルエンザかと思うくらい全身が痛かったり、歯を食いしばっているせいで首やあごが痛くて口が開かなかったりする。入職当時の休日は、近場の観光地にも出かけた。でも、ここ二年ほどの休日は、気晴らしにどこかに出かける余力もなく、ただただ体を休めるだけ。時おりヘルパーさんと電車で一駅のクラシック喫茶に入り、小さいデパートで夕方の半額弁当を買うくらいだ。

それに、私の販売部の仕事は年々減少傾向。「新しいものを作り続けんとな」と、なかさんはよく言っていた。人はどんなに苦しくても、自分の今のがんばりが未来の成長につながる、そう信じられるからこそ前に進めるのではないだろうか。少なくとも私はそうだ。信じて託してもらえることが必要なのだ。

そんな私を後押ししてくれたなかさん。

彼は休憩時間になるとパッと机を離れ、大きな声で「お昼やでー」と職場の空気を変える。帰り際には、「よっ、きばっとるな。根つめなやー。お先に」と声をかけた。

が、実は、私が使っている納品プログラムを家に持ち帰り、思わぬふうに私の指が動いても、データが消えることなく、入力作業が進むように、人知れず改善に改善を重ねてくれていた。彼は徹底的にお客様の立場にたった納品も教えてくれた。世間知らずでこずるいだけの障害者は、なかさんと、納品課と連動する会計担当者と働く中で、誠実に世の中を歩くことを学んだ。

なかさんの物言わぬ気遣いと励ましと後ろ姿があったからこそ、私は石の上にも三年、居続けられた。

「乗り切りましたねー。これからは福本さんが」

上司だったなかさんがいなくなって二年経った勤務五年目。納品業務を一人でこなすようになった頃、私は職場で全身が凍りつくような体験をする。突然、なんの前触れもなく納品プログラムが壊れたのだ。加えてバックアップのシステムを私が充分使えていなかったため、一年間の発注、納品、入金データが消えてしまっていた。しかも、熊本地震の活動報告の冊子ができ、さあ、これから納品という時期にだ。

一年間のデータを打ち込んでからでないと新しい納品書は出せないシステムになっている。自分の非を詫《わ》びて、一時しのぎではあるが個別に納品書を作り、納品し続けた。

同時に、納品控えを見ながら消えたデータを再入力する作業を続けた。「福本さん、今は納品に専念して」と仕事の一部を会計課の同僚が肩代わりしてくれたおかげで、なんとか新冊子の納品を終えた。

「福本さん、乗り切りましたね。来月から郵便料金が変わるそうです。販売担当の福本さんが説明を聞いてくださいね」
「障害者はお世話される存在で、私が指導してあげないと」なんて思っている節のある人が大半の世の中。だから、同僚のこの時の何気ない一言とクールな微笑は忘れられない。

人間、自分も含め、多かれ少なかれ見た目で人を判断している。人の見方や感じ方はそれぞれ。みんながみんな、黙って見守り託し、いざという時に助けるというふうにはいかない。それを知りつつも、私が働く理由はただ一つ。「誰かのお役に立ちたい」思いがあったからだ（もちろん、それに見合うお金をいただくのは大前提）。結果、失敗してご迷惑をかけることになろうとも、あなたはそんなこと考えなくてもいいの、なんて言われようとだ。

ただ、オンとオフのスイッチを自分の中に持っていないと心が枯れる。これも障害者にも健常者にも言えること。心は枯れていくものとたえず自覚し、定期的に水分をやり続けないと、突然折れてしまう。これが先輩ＯＬあずみちゃんの言いたかったことなんだと思う。たまには髪を切り、デパ地下から一階に上がってハンドクリームでも買わなきゃだよ。

column

就労支援事業所はやばい？ やばくない？

働く前、よく遊んでいた友人あずみちゃんがファミリーを連れて遊びに来た。あずみちゃんは、私がゆめ風基金に入る時、履歴書を作る手伝いをしてくれた。彼女のお連れ合いさんとも、夫亡きあとからの古い友人。

「千夏さん、まだ健在なんっすね。詐欺られて表札変わっているかもって心配しながら来ました」

あはは、相変わらずのお口だ。彼は結婚を機に、三十歳前で自分探しを一旦休憩。今は、障害児が放課後に通ってくるデイサービスの雇われ責任者をしている。古い友人というのは、実にいいものだ。一言二言愚痴っただけで、心の半分は洗われる。が、こいつは油断大敵である。

「千夏さん、僕と就労支援事業所を開所しませんか。今、放課後デイサービスを卒業した子どもたちの、次の居場所を探すのに苦闘する日々でありまして。ご存知と思いますが、就労支援事業所は医療や福祉、経営や経済など、特化した知識がなくても始められる。実は僕、障害者の思いがよくわかる千夏さんと、この事業をやってみたいと思った時期があったんですよ。息子さんも自立したことだし、こっちにきません？」

「またー、そんなこと言ってー。事業所のある岐阜の山奥に連れていって、ばばあのなけなしの蓄え巻き上げてポイ捨てするつもりでしょ？」

「ハハ、ばれてるし」

「あかんて。私がやれば、悪しき障害者が悪しき事業に手を染めて逮捕なんて記事が新聞に出るだけ。だいたい、あなたや私が始められる時点で、やばいって思わない？」

お互い笑い飛ばすが、実際、まったく笑えない詐欺事件があった。

二〇一六年、福岡県福岡市で障害者に就労支援などを提供している市内の計十事業所が、架空請求や水増し請求の手口で給付金計一億円以上を不正受給していたのだ。福岡市によると、障害者に職業訓練する七か所の「就労移行支援事業所」

には活動実態がなく、最初から架空請求の目的で設立された疑いが強いという。
（西日本新聞二〇一六年十二月二十八日付）

　この事件は金額が大きかったため、世間の知るところになった。が、この手の不正受給はなくならない。にもかかわらず、「就労支援」でネット検索すると、次のような内容のサイトに出くわす。

「行政書士がお手伝いします。就労継続支援事業所で、安定・高収益を得よう！ビジネスとして考えた場合、助成金が利用できるこの事業。まだまだ事業所は不足しています。障害福祉サービス事業を考えている貴方（貴社）、チャンスは今です!!　安定した事業運営を目指しましょう」

　障害者を食い物にする人ばかりではないと信じたいが、人は環境に準ずる生き物だ。

　行き場所に困っている障害者や働きたい障害者はたくさんいる。が、どの業界も人手不足と言いながら、障害者雇用には二の足を踏む。国も抜本的な施策どころか、障害者雇用の数字を水増ししていた始末。

　そんな状況の中で、落ち度があるシステムを、本気で障害者のために使おうとするだろうか？　まずは自分の食い扶持《ぶち》にしようと考える人もいるだろう。つまり、障害者の就職移行という本来の目的が達成されなくても、継続できる事業なら、障害者を取り込んでおけばいいという思想に走ってしまうこともあるのでは？

もちろん、障害者の就労支援に日々真剣に取り組んでいる事業所ばかりだと信じたい。でも、システム自体に落ち度があれば、掲げた志も崩れやすいのでは？

そもそも、働きたい障害者を集めて、就労支援事業を考える発想自体がおかしいと私は思う。確かに、私はできることよりできないことが多い。でも、働くことは働きながら学ぶものだ。それは障害あるなしにかかわらない。私はこのことを、職場「ゆめ風」で教わった。一億総動員、みんなが輝ける社会を、なんてきれいごとを言うのなら、障害者就労支援にお金を投じると言うのなら、直接、障害者にお仕事をくださいませ。その方が、今かけている予算より安うつき、効率的やと思いまっせ。

2

私の一人暮らし

きっと人の暮らし方ってそれぞれ違う。まして、脳性まひの日常なんて、ある意味、働く姿より想像できないかもね。でも知ってほしいな。「なあんや、うちらと変わらんやん」って思ったり、「そこはそんなふうに困ってるの」って驚いたりしてくださいな。私とあなたがきちんと出会うために。

四十五歳から一人で生きてみて十二年。できないことを可能にする便利グッズにも出合う。入力一つで現在地から自宅まで荷物と私をお届けしてくれるスマホのアプリ。ボタン一つで飲み物にとろみがつけられるカップ式自販機もあるらしい。

困った状況になった時には、具体的に自分が今どんな状態でどんなふうに助けてほしいか、きちんと伝えるのがポイントであることも知る。

飲食店では「大きなスプーンを」、病院では「お財布からお金をとってください」、映画館では「中の数段の段差が一人では上がれないんです。すみませんが手を貸してください」と携帯に入力して、画面を見せながらお願いすると、意外に親切に応えてくれる。

でも、「マジありえないんだけどー」という衝撃の出会いも時おりある。

「障害者の一人暮らしって、どうして？　大変でしょ。えっ、息子さんがいるって？

脳性まひって遺伝しないんですか？」

私はニッと笑って平然と応えながらも、心の中ではこんな感じ。

「おーおー、今時、少しお利口な小学生でも聞かないことを。この新人記者、ありえないーー！」

人との出会いはまあね……まだまだこれからの成長分野だと思いたい。

障害者も生きていれば、思わぬアクシデントにあう。そのたびに、いろいろなものや人に助けられる。みんなピンチをハッピーに変えようと懸命に毎日を過ごしているのだ。でも、やっぱり、障害者の暮らしは、なかなか目にすることはないよね。健常者によっては、きっとまだ想像の彼方《かなた》の出来事なんだろうな。

だから、言語障害があり手足が動きにくい私の、生活する上での悩みごとや問題の解決方法などを紹介する。

もちろん、悩みごとや役に立つことは人それぞれ。私見であることをお許しいただき、健常者にも障害者にも、一人暮らしをイメージし、日々を生き抜くヒントになったらうれしい。

令和最初の乗り物

令和最初の乗り物は救急車だった。

大型連休も終わり、さあ、これから仕事という日の明け方のこと。「寒い」と押し入れの布団を両手に持ったまま、ズズズドーンと畳の上に腰から落ちるやいなや、グキだかボキだか今まで聞いたことのない音がした。頭も壁に打ちつけ、ガーンと頭の中に霧がかかった。霧晴れると同時に「これは今まで経験したことがない痛みだ。まずいことになったぞ」と我に返った。

この日の朝は、お付き合いが長いヘルパー静香さんが訪問していた。意識もあるし、吐き気もない。ただ身動きがとれない。天井を向いた姿勢から体を少しでも動かすと、腰回りに激痛が走る。静香さんから、かかりつけ医や知りうる限りのドクターに状況を説明してもらう。往診のお願いをしながら、判断を仰いだ。「僕が行っても、レントゲン一つ撮れない。救急車を呼びなさい」と彼らは口をそろえる。「この痛みは耐えがたい。助けて」という強烈な思いと「意識があって申し訳ないんだけど」と見知らぬ重症患者へのかすかな罪悪感を持ち、救急車に乗る。でも、言語障害の私の場合、ここからが大大大大問題だったということをすぐに知る。

「ご家族は？　ご家族の勤務先は？　連絡とれます？　僕の言うことわかりますか？　併病は脳性まひだけですか？　脳性まひっていつから？」

ああああのー。モニターにつながれての仰向《あおむ》けの状態では、平常時でも声は出しづらい。なのにこんな激痛が走る時に、そんな矢継ぎ早に聞かれても……。

ゾンビのように顔をゆがめ、手を挙げて発語しようとするが声が出ない。この時ほどスムーズに話せる道具が欲しいと思ったことはない。救急隊員は、その姿を馬鹿にしたように、笑いをこらえた顔をする。その表情に怒りと不安を感じたのだろう。静香さんは、私の携帯電話で息子に状況を知らせるメールを打ちながら、「Y病院へ」と要請をかけようとする救急隊員に、大きな声をあげた。

「この方はヘルパーの支援を受けて生活しておられます。大変な事態を仮定した時にY病院だと、誰もなんのお手伝いもできなくなる。初めてかかるY病院だとコミュニケーションにも困ることになります。かつて緊急外来でかかったS病院か、現在歯科でかかっているT病院にお願いしてみてください」

静香さん……すご！　救急車が来る数分前に私がしどろもどろで話したことを完璧に理解し、私に代わって伝えている。

彼女のこの言葉で、タクシーでも三十分くらいかかるY病院ではなく、家から一駅のS病院に搬送された。が、搬送先の病院でも、「今日は何月何日何曜日？　ここはどこで僕が誰だかわかりますか？　どこでいつ、どのくらいの高さからどんなふうに落ちたの」と違う人から同じことを代わる代わる聞かれる。確認が必要な大事なことを聞かれていることは重々承知だ。でも、声を出そうとするたびに下半身全体に激痛が走る。

なんとか、仰向けのまま筆談したい旨が伝わり、意思疎通が図れるようになった。おそらく二、三十分ほどだったろう。が、太陽が月に変わるくらい長く感じた。ようやくレントゲンとCTを撮ってもらう。搬送の時からいろいろな人に声をかけられたが、激痛で誰が看護師か技師か医師かわからなかった。ただ、若いが観察判断できそうな、それでいて優しい目に、搬送の直後安心した。「大きな骨折はありません。痛み止めと近くの整形外科医の紹介状出しときます」と告げられた。あー、やっぱりこの人がドクターだったんだ。

診察室から出ると息子の顔があった。

帰宅後、かゆを食べ、痛み止めを飲み、部屋で天井を見ていると

「おかん、平成の間は無事やったのに……どんまい！　まっ、なんかあったら、電話くれたらいいから」

「電話？」

「うん、おかん意外に電話いけるねんで。特に怒ってる時の嫌味とか、バリわかる」

「そう？　っていうか、あんたどっか行くの？」

「ちょ、ちょっとな。あっ、薬と水とおかゆ、手の届くところに置いとくわ。トイレはベッドの下にバケツ置いといたから。あとは電話ー」

とそそくさと出ていく。

電話かー。でも、簡単な要件を伝えようと決死の思いで携帯を持っても、「ちぃーちゃん、メールして」と言われることも多い。

電話なら一言聞いて、答えてくれればすむことが、メールだとややこしかったり、誤解を招いたりすることもあるのに。それに、話すことが大変で苦手でも、人の声が聞きたいと思う時だってある。そんな気持ちは、言語障害者も健常者も関係はない。

痛み止めが効いて数時間うつらうつらうつらする。大きな枕を積んで、上半身が少し上がった状態で携帯を持つ。

「さみしー。紙パンツお願い」と息子に叫ぶ。

「はいよー」という快諾に、(私電話も大丈夫やん)と一人ニンマリする。でも、スーパーマーケットが閉まる頃、帰って来た息子の手には、半額シールの付いた「さしみ」と「あんぱんふたつ」。

「ただいま」

「お帰り、ありが……？？？」

イタタター笑うと激痛が！

代筆、なんとかならへん？

生きていくには、さまざまな手続きが必要だ。そして、署名を求められる。

夫や息子がいた頃、字が書けなくても不都合なことはなにも起きなかった。家族ということで、代わりに署名してもらった。これはこれで怖いところもあるが、悪質な家族ではなかったので、代筆は当たり前の日常の一部だった。

だが、今は一人で手続きを迫られることもある。取るに足らない金額ではあるが、遺言書などを書きたくなる日がくるかもしれない。こんな時は公的機関に依頼するにせよ、日常的に生じる些細《ささい》な代筆なら、お願いする人は自分で決めていいと私は思う。代筆も、本人の意志が一番に尊重されるべきではないだろうか。

でも、現状は違う。選挙に行ったとしよう。数年前までは、家族やヘルパーさんに代筆を託せた。今は、選挙管理委員が代筆する決まりになっている。家族といえど別の人格、不正投票になりかねないという理由だが、選挙管理委員がある党の熱烈な支持者で、投票誘導する可能性だってあるではないか。

行政は、選挙の時だけ障害者を、投票権を持つ大切な市民として扱う。ならば、行政は障害者の生活や困っている場面にもっと関われ！

二〇一七年の夏、怖い出来事があった。

随分前に「受信料の手続きをお願いします」とひょろっとした男の人がきたのは覚えている。その時の徴収担当者は、私に驚いたのか、気の毒に思ったのか、あるいは障害者世帯の免除制度を知っていたのか、一度顔をのぞかせたきりだった。私はこれで、手続き完了したものだと思っていた。が、二年前にきた担当者は違った。

「法律が変わり、受信料支払いが義務付けられました。だから、必ず払ってください」

と、連日くり返す。決して「ご協力願います」ではなく、払わなければ罪人です、とでも言いそうな勢いで、台風のさなかにもやってくる。

ずぶ濡《ぬ》れの姿に尋常ではないものを感じ、納得できないお金は払いたくないと思いながらも「手続きは？」と問うた。すると彼は、

「ここに名前とキャッシュカードの番号を書くんです」

えらそうな口調で言う。

「私、こんなに小さい字、書けませんよ」

「えっ、書けないんですか？　誰かお世話してくれている人はいないんですか」

「今はいません。それを言うなら、あなたが書いてください」

「僕は書けません。お世話してくれる人がくるのはいつですか？　その日にきます」

そのものすごくめんどくさそうな顔に、怖さよりも怒りが沸き立ち、啖呵《たんか》を切った。

「あのー、私、ほとんど一人で暮らしてるんです。あなたが民間人という理由で代筆できないのなら、それを誰かにお願いするのはおかしい。ヘルパーさんが時々きていますが、彼女たちも民間人ですよ。いったい、誰ならいいんですか」

問答をくり返すうち、彼の耳には私の言葉が届いていると感じた。皮肉なものだ。

その後、職場の同僚が障害者世帯の場合、受信料が免除されることを確認してくれ、ヘルパーさんと市役所に出向いた。

が、手続きをする市役所の職員も、

「ほんとはご家族の方に書いてもらうのがいいんだけど。ヘルパーさんの代筆というのもね……。まあ、急を要している様子なので。今回は、僕が書きます」

たった数行の代筆をしぶしぶする。

トイレ、あなたはノーパン派？それともバケツ派？

かつては、月に二度ほど、プールでの水中歩行後、併設のサウナでたっぷり汗をかいていた。が、着替えもしづらく、足腰も危なくなってからは、ヘルパーさんの女子（生理）周期とも合わず、なかなか行けなくなった。そのせいか、初夏だというのに就寝中の排尿回数が多い。

冬は、モコモコパジャマが多少のものを吸い取ってくれるが、夏は、パジャマが薄い。ちょびっと漏れでもベッドのシーツと敷きパッドを貫く。この程度の話なら、（笑）でごまかせるのだけれど。「令和最初の乗り物」からさかのぼること一年、梅雨が明けないある日、失禁してしまった。冷たくなったベッドの上で目を覚まし、尿で張り付いたショーツを、曲がった手を使って懸命に剝《は》ぐ。初めての失禁はショックで、なんとも受け入れがたい気持ちだった。でも、隠しておくわけにもいかない。数時間後、訪問したヘルパー美知子さんに告げ、尿で重くなったベッドのシーツと敷きパッドを洗濯機に入れてもらう。

「無自覚、無意識の失禁は初めてで」

ぼそっと言う私に、彼女は探偵口調で詰め寄る、

「ということは、今までの尿漏れ事件は自覚ある確信犯だったんですね。ちいさん！」

「違う！　私、そこまで悪人じゃない。今までは意識があって体が間に合わなかった」

慌てる私に、表情を緩める。

「ですよねー。今日は敷きパッドのシミの跡の位置が違ってましたから。なら、忘れましょうか。過度の疲労やストレスで、失禁することがあると聞きますし。今日だけ、たまたまですよ。シャワーでもどうですか」

それから三日後の、二〇一八年六月十八日。大阪府北部地震が発生。震度六を、自宅マンション十階のベッドで体験。その日、エレベーターが止まったものの、翌日からライフラインはもとに戻った。もしも地震の時、失禁していたら……。

余震もおさまった出勤日の朝方。腰がひどく痛く、起き上がるタイミングと尿意が微妙にずれた。この日はベッドの片隅と廊下を汚した。美知子さんに尿でべとべとした廊下を拭いてもらう。私はうなだれた。

「たびたびごめんね」

「もーう。ちいさん。そんなにかしこまらんでよろしい。似合いませんよ。簡易トイレという手もありますよ。寝室に置いたら、緊急時の簡易トイレが日常のトイレになりそうですけどね。それとも、いっそパンツをつけずに寝るとか。ノーパンなら緊張感もあり、すぐに用が足せますよ」

「ノーパン？」

私はケタケタと声をあげた。


その日の夜。

「安否確認に参りました」

インターホンに移る姿は息子だ。日付はとっくに変わっている。

「おかん、俺ってわかったんや。声変えて下向いてたのに」

「ふふふふふ。わかるよー。あんたなに？　逃亡してんの？」

「あはは、余震もまだあるこの時期はなにかと物騒やし気をつけな」

「一番危ないもん開けてもうたがな」

「あかんがな。で、なにか困ってることないん？」

「腰が痛くて、トイレ間に合わん。ダダ漏れ」

「紙パンツないん？」

「ないよー」

「なら、ベッドの下にバケツを置いてしろ。たまったら捨てるぐらいはやったる」

「無理。そもそも仕組みが違うでしょうよ」

「いけるって！　けど、紙パンツどっかで見たで。トイレットペーパーの隣にお試しパックが……ほれっ。バケツが嫌ならグッズつけろ」

とベッドにポーンと紙パンツを転がす。せっかく探してくれたし、地震の時に使うかもしれない。練習だ。

一人で着脱できる、吸水性で評判の高い某メーカーの紙パンツ。「CMに嘘はない」が、三十分もしないうちに下腹部がむしむし暑くかゆくなりだす。

「おかん。まだまだ修行が足りんね」

めんどくさそうに、ボロ布を三枚パジャマの下に忍ばせ、シーツの下に防水シーツ

を敷いてくれる。翌朝、

「ちいさん、地震が落ち着いたのに、フル装備ですね」

足元に転がった紙パンツを見て美知子さんは目じりを下げる。

「紙パンツは……」

「むれるでしょ。私も実際使用して、メーカー比較したんですが、やっぱり吸水性と通気性は相反するものなんです。共に優れた魔法のパンティなんて開発されるかもしれませんが。まっ、私たちの老後のお楽しみですね」

と美知子さんは、簡易トイレのパンフレットを見せながら、

「これもありですが、地震による心の揺れがおさまったら、私はノーパンをおすすめします。夏はなんでもよく乾くし、大丈夫です。あまり考えすぎないで……まずはくっとお股閉めて、くっと。まあ、コーヒーいれてきます」

美知子さんはそっと部屋を出る。

くり返す余震で緊張状態が続く中、ふっと気が緩んだ。瞳から温かい水がポロリ。

私、独りじゃないんだ。

「あっ、さっき息子さんとすれちがいました。さすが千夏さん似。おいしいとこ持っ

てく。バケツのご提案も」
「あいつ、私を男やと思ってるみたい」
「ハハ、しばらくボロ布でいきましょ。バケツもお守りでこのまま部屋に。栄ちゃんがしてくれたことが千夏さんには一番効く」

濃い血もキャラも、水で薄まる？

退社時間目前、異様にのどが渇いていることに気づく。そういえば、今日はトイレに立ったのも一度きりだ。職場だと水分補給が家よりも難しい。私は水をごくごく飲めない。一口一口、少量の水を送り込む。時間がかかる上、カップを倒す危険もあるので、飲みながら仕事はできない。トイレを気にして水分をあまりとらない習慣が無意識にできてしまったかな。が、職場は、冷暖房による乾燥と六台のパソコンから出る熱が同時に来る。全身が知らぬ間に干からびている。

大阪府北部地震後。被災障害者支援をおこなう私の職場は、バタバタしていた。入職当初はなにもできなかった私も、納品に加えて、自身で防災冊子の発注の電話をかけ、メールやＦＡＸでお客様対応もする。震災のお見舞い品のお礼状を、パソコンを使って書く。そして、避難訓練の打ち合わせや新作の防災啓発ＤＶＤの広告作り、人権教育の指導案作り、と終始緊張の時間が続いていた。

そんな日々が始まる直前の二〇一八年六月、私は僧帽弁閉鎖不全症（心不全）という病名を告げられた。発症時期は不明とのこと。心電図と心臓エコーと血液検査のデータから、私の心臓は血液が戻ってくる時に余計に動いているらしいことがわかった。五年のお付き合いになる循環器専門のドクターは冗談か真剣か、計りかねる面持ちで、

「心臓にも脳性まひが関係しているのかな」

とつぶやく。

「治療はとにかく無理しないこと。疲れたら体を休める。ストレスをためない。あっ、風邪はひかないでね。肺に負荷がかかると悪化する場合があるから。それと、水分は

しっかりとってや」

「まったー、ドクター脅すし」

「脅すぞー。毎月血採ったろ、血！」

「そりゃー、怖い！」

注射が苦手な私は腰を引く。

「君、血が濃いねん。心臓に負担がかかるのは、水分補給が足りてないせいもあると思うで」

「えっ、キャラが濃いって？」

「やっぱり君、おもろいな。まっ、定期的にきてください。僕だったら息切れとかで気がつくんだけど、君は運動もできひんやろしな。水飲んで！　血もキャラも薄まる」

「水言うても、私むせるんや。先生」

「とろみがつく粉あるで」

「おいしい？」

「……」

うーん、心臓もお年頃かー。しゃあないわな。とりあえず、ゆっくりお風呂にでもつかるか。今日は、温泉のもとの入浴剤でも入れよう。それとも、冷房で手足が凍りついたこんな日は、漢方・生薬のウチダの入浴剤かな。

お風呂上がりにはスポーツドリンクを飲む。緊張が強くて水分を誤嚥《ごえん》してしまう私には、ゼリー状のポカリスエットがいい。しかも、パウチタイプの容器なので、仕事中にもいいかもしれない。

生野菜も咀嚼《そしゃく》が厳しくなったので、フルーツと野菜の栄養がとれそうな、とろみがあるスムージーも最近重宝している。優しい時代だ。

ただ、これらの商品は少々値が張り、しかも毎日のことなので懐は少し涼しくなる。まっ、暑い夏だしね。

命がけのそうめん

そうめんは脳性まひ者の命取りになる。「フグや牡蠣《かき》のような危険な香りがしない

そうめんになぜ？」と想像できないだろうが、私は幾度か死にかけた。かつては「たとえ、死んだとしても、あなたに罪はない。間が悪かったと思ってください」

ヘルパーさんにそんなジョークを言い、そうめんは柔らかめに湯がき、短く切って食べていた。

でも、ある日。誰もいない夜中、タッパーに残っていたそうめんをフォークですすくった。一口にはわずかに多い量が、するりっと入ってしまった。のど元を過ぎずのどの真ん中でピタッと止まった。麺が生き物のようにのどの水分を吸って膨張してゆく。

「死ぬー息ができない」

私は七転八倒し、のどに手を突っ込んで麺を掻《か》き出した。のどの中が傷つき、その後二日ほど痛くてなにも食べられなかった。

麺はのどごしで食べるなんて言われるが、私はのどもうまく機能しない。年齢を重ねるごとに、体のあちこちがうまく動かせなくなってきている。他人はなんでも加齢と言うが、当人にしたら限りない恐怖だ。そうめんは見るだけでこわーい夏の風物詩となった。

この日は、大学時代からの友人、沖縄在住三十年の花子ちゃんを迎えての、気兼ねない寿司会席。普段は豆苗を水につけ栽培し、ベランダで大葉やネギ、バジルを育てる暮らしだ。が、たまにはね。勤務二年目。知人に連れられて来店した初対面の時から、なにも告げずともここの板前さんは、一貫の寿司を一口サイズの二貫にして出してくれた。

聞くところによると、この板前、眞《しん》ちゃんはザ・リッツ・カールトン大阪の寿司料理長を長年勤めたのだそうだ。会席料理も、私のあごの動きと口のサイズを知っているかと思うほど食べやすくカッティングが施されている。それに気づかせない美しい盛り付け。そして、なによりうまい！

歩行が厳しくなり、遠出もできなくなっている私だが、大切なお客様や友人を招く特別な日は、ここで四季の香りと味を楽しむことにしている。そして今日も、

「姉さん、寿司は手でいくもんでっせ。赤だしもアラ抜いてますよって」

さりげなく声がかかる。箸をうまく使えず、咀嚼が困難な私へのこの気配り。

「眞ちゃ……」

「よっ、男前ってか？」

2  私の一人暮らし

あっははと旧友との会話も弾む。が、花子ちゃんが
「鱧《はも》か。夏やねー。福ちゃん（夫）が生きていたら、こんなとこで食事をって思うでしょ。そういえばお見送りしたの……今時分やったね」

と、ふとつぶやく。

「うん。でも花子ちゃん……。十年経つと、夫の顔が思い出せんの。でも、不思議なことに香りだけは覚えてて」

「ちなっちゃん、沖縄にこない？　また、なにかが変わるかもしれんよ。息子っちぃがいなくなって独りやもん。そりゃー、寂しいさー」

関西弁と沖縄弁を交えての彼女の独特な口調が好きだ。

夫を見送ってしばらく、自分だけが生き残ってしまった罪悪感を拭えず、食べ物がのどを通らなかった。十二キロの未亡人ダイエットに成功（？）した時、花子ちゃんを訪ねて沖縄に行った。そして、ゴーヤチャンプル、沖縄そば、青い海、花子ちゃんの寝息に救われた。

「沖縄かー」

明日帰る予定の花子ちゃんの声、もっと聞いてたい。

うるっとなる前に、がんばって明るい声で話す。

「先週体調がいまいちで、緊張がきつかってん。飲み込みがどうもできなくて、キノコスープをミキサーにかけた。でも、なんとも見かけが悪くて」

「食は味も見かけも大事ですよって。人は中身で勝負ですけど」

と眞ちゃん。

「でね、おかゆは、ヘルパーさんが炊いたあとのおこぶをまぜちゃった。こぶがのどにひっかかって……」

「均等な口当たりのかゆの中に異物混入はあきまへんな」

「善意という名の殺意やわ！」と言う私の顔を「ちなっちゃん、恨みこうてない？」と花子ちゃんがのぞき込む。

「僕は姉さんの味方ですよって」

「眞ちゃ……」

「よっ、男前！」

と花子ちゃんの掛け声。

「ええ友達ですなー」

あっははと三人の笑いのコラボ。

食事は体調によって変わる。誰とどんな雰囲気で食べるかでも違う。最近、焼肉屋にも、柔らかい肉を焼いて細かく切ってくれる人がいれば行く。白くて柔らかい食の軍団、豆腐やヨーグルトやおかゆだけでは全身が真っ白になりそうだ。たまに食らう千切り肉はうまい。

「ちなっちゃん、その肉きり名人って?」

まっ。目の前の風景もいいには越したことないさあ!?

猫舌の恋バナ

「ちいさん、今まで食したもののベストワンってなんですか?」

これは、これまで出会ったヘルパーさんから結構な確率で聞かれる質問だ。

食べることが困難な私の姿を見て、興味を持つのだろう。

私の食のベストワンは高校生の時、軽音楽部の帰りに紙コップで一口飲んだホットチョコレートだ。私が口をすぼめ、熱い飲み物をすすることができないことを知っている人は、なぜホットチョコ？　と思うだろうが。

時は四十年前、高校時代にさかのぼる。

オルガンとビートルズと、そしてなにより同級生のミッチーが好きだった私は、彼が作ったコピーバンドに加わった。十年間のお年玉で、キーボードを買って学校に持って行ったあの日。

千人の全校生徒の前で、「私は彼が好きです」と暗黙の告白をしたようなものだと今になって気づく。

だからか……彼は私を一番の女友達として、高校三年間寄り添ってくれた。

冬。バンド練習の帰り、自販機にかじかんだ手で小銭を入れ、心とは裏腹にアイスチョコレートのボタンを押しかけた時、

「こっちやろ」

ミッチーが背中越しにホットのボタンを押した。

あっけにとられている私の手に、

「うまかったわ。ほれっ」

紙コップを渡す。

一口残されたホットチョコレートをうれしそうに飲む私に、

「お前、ほんまは冬はホットが飲みたいんやろ。けど、満杯の熱い紙コップって持ちにくいもんな」

彼は、私だけに聞こえるように言う。

数日後、

「俺、初めてバイト代が入ってん。今日は俺のおごりやから、こぼしてもええで。あっ、俺にはかけんなよ」

手渡された紙コップには、彼が飲んだあとのホットチョコレートが半分入っていた。

「かかかかっ、間接キッス？」とドキドキして飲んだ、アオハルの期間限定の味に勝るものはない。ホットチョコレートを口にするたびに妙に切ないノスタルジーを感じる。

あっという間に月日は流れ、今は蓋と飲み口が付いたコンビニの熱くない紙コップのホットコーヒーを独りで飲む。

こんな自分の姿も、こんな熱くない紙コップも、あのころは想像できなかった。

歯医者さんで感じたこと

いろいろなことをあきらめて生きているが、体の痛みや不調だけは我慢できない。なので、

「先生、必要な検査があればしてくださいね。なんのための検査で、どんな治療かをきちんと伝えてもらえたら、我慢も努力もします。でも、脳性まひの特性で突然動いてしまったり、大きな声が出てしまったりしたらごめんなさいね」

その時の病状に加え、自分の特徴についても説明する。診察室では、瞬時に障害者と健常者の溝を埋める努力が要される。

思い起こせば、今通院している循環器内科・歯科・眼科・皮膚科・鍼灸《しんきゅう》接骨院に

出合うまでは随分嫌な思いをした。

特に歯科は、「突然動きだすので怖い」「口が開かない」という理由で十軒以上、診療を拒否された。ある歯科では、なんの説明もなく魚の網のようなもので体を固定され、口に猿轡《さるぐつわ》のようなものをはめられかけた。抵抗し、治療の説明を求めると、

「説明もなにも、こうでもしないと君のような人は動くでしょ。人がせっかく診ようとしてあげてるのに、生意気だよ。だから障害者は……」

と怒りだす始末。

それでも歯が痛いのだけは我慢できず、ヘルパーさんの「たにじい」と歯科医を探し求めた。二〇一一年六月、大阪大学歯学部の附属病院の障害者歯科にたどりついた時には、歯も心もボロボロだった。

「まず、ここにきた経緯を聞かせてください。苦手なこと、大丈夫なことも教えてもらえると助かります」

この初診カウンセリングで、私は今まで受けた不安や恐怖から解き放たれた。

「よく話してくれましたね。次の診察は、軽い虫歯の治療からやっていきましょう」

このドクターに治療してもらいたい！

「ご指名、光栄です。が、僕はまだ治療経験が浅く、今は初診カウンセリングが主な仕事なんです。精いっぱい努めますが、僕の腕が進歩しない場合、またその時は一緒に考えましょうか。それでいいなら……」

と治療は始まった。

タクシーを使えば、ここの障害者歯科は、ワンメーター少しだ。このことも幸いして、一年半ほど、月に二回から四回のペースで通い続けた。

ドクターは私のどんな動きも予知し、口から器具を出し入れする。その見事な手さばきに、

「先生、どうして私の動く瞬間がわかるんですか」

治療後に聞いた。

「それは勘です……いや少し違うな。あごやのど、口を見ていたら動く瞬間、形が変わる。治療を重ねるうちタイミングも図れるようになるのかな」

「もう一つ伺ってもいいですか」

「どうぞ」

「先生はなぜ障害者歯科医を続けているんですか？　ややこしいでしょ、うちらっ

て」

「確かに、ややこしさは否めない。でも、健常者は、もっとたちの悪いややこしさがある。嘘をついて、だましたり陥れたりする。障害者歯科ではまっすぐに患者さんと向き合える。結果、得るものも大きい。福本さんも初めて治療した頃とは別人みたいだもの」

「先生、それは障害者を美化してるわー。私もお腹の中はぎとぎと。自分を守るために嘘だってつく。現に前回はサボり」

「わはは。サボりやったんですかー。まあ今日は元気そうでなによりですわ。来週からは、レントゲンや器具装着があるので、まあサボってもいいですけど、その時は一からになることだけ頭に入れといてください」

さてさて、三年前、前著『千夏ちゃんが行く』の出版を控えていた私は、表紙の写真撮影のため、どうしても前歯が必要になった。が……。

インプラントは歯茎が老いているので不適切。入れ歯は、始終顔をゆがめる私には違和感が大きく、手が動きづらいので取り外しも無理。結局、根っこに少しだけついていた歯を器具で引き出して、それを土台に人工の歯を付け足すという方法をとった。

「土台になる歯が伸びてくるとは思っていましたが、大人でこの治療をしたのは福本さんが初めてです。長い期間、矯正器具をつけて、耐えたかいがありましたね。僕もうれしいです」

治療が終了した時の、ドクターの安堵《あんど》に満ちたお顔を今も覚えている。

私はなにか特別なことを望んでいるわけではない。

説明を受けた上で、きちんとした診察と、必要であれば治療や検査を受けたいだけだ。大げさに聞こえるかもしれないが、私は市民として穏やかに生きたいだけ。障害者だから特別になにかをしていただきたいわけではない。

そんなこともよく知るこのドクターに、八年経った今も歯を診てもらっている。

障害女子の生活を助ける製品は日々進歩

障害女子も健常女子もお悩みであろうむだ毛。年と共に毛が薄くなり今は気にもならない私に

「千夏さん、むだ毛はどうしてます。うちの由美、最近ボーボーで」

脳性まひ女子の母は、乙女が悩みを打ち明ける時のような密《ひそ》やかな声で聞いた。私も……若かりし頃は母に、「じぃーとしなさい」と小突かれながら、せっけんとカミソリで剃《そ》ってもらっていた。

自分で使える電動脱毛機を見つけた時は感動した。だから、「この業界はものすごい進化を遂げ、値段も仕組みもいろいろなものが出ているので、大丈夫よ」とのんきに答えた。

娘を心配する彼女は続けて、「歯ブラシは？」と問う。

手が動きづらい、口が開けづらい脳性まひ者は確かに歯磨きも難しい。私はフィリップスの電動歯ブラシ、ソニッケアー・ダイヤモンドクリーンを使っている。少々値が張るが、ヘッドのサイズを小さいものに取り換えられる。口を大きく開けられない人にはいい。歯磨き後にはつるつる感が得られ、コップ型の充電器も使いやすい。

「千夏さんは若い頃から、すっぴん派でした？」

今度は、思わぬところをついてくる。

「うーん。化粧品とは無縁だわ」

私は若い頃から、化粧っ気がない、人目を気にしない障害女子だった。五十歳から社会人デビューしても、夏に日焼け止めクリームをつけるぐらい。

実は今、気になっているのは、お顔よりも足元。脚ではないよ。足元。四十代までと比べると、足の衰えは明らか。日々、体も硬くなり、朝目覚めると、寝たきり寸前だと思うこともある。そこでまずは安全に立とうと、足の力を補うために矯正ベルトや矯正下着をいろいろ試した。

骨盤の位置が正常とはかなりずれているため、装着すると腰痛がひどくなることもあった。だいたいこの手のものは自分で着脱できない。が、トリンプから出たやわらか素材のガードルは、腰から足にかけてサポート感が得られ、上げ下げも自分でできる。冬はスロギーの伸びる腹巻つきパンツもおすすめ。家の中だけでも、足元に気をつけて立とうとする。歩こうとすることが大事だ。お悩みは年と共に変わる。

靴は、特注オーダーをした時期もあった。両足の高さをそろえる補装具のような重い靴は、筋力がなくなってきたせいか甲が痛くなってくる。夏はスケッチャーズ・ゴーウォーク４型の高反発素材で軽いスニーカーを、冬はヒールの低いムートンブーツを履くようになった。

「爪切りも……」と彼女の顔はなかなか晴れない。

「うちも、長年関わってくれていたヘルパーさんが現場を去る。爪切りがうまい人でね。私の曲がった左手の小さい巻爪のためにネイルグレーターを探してくれた」

これは爪を切るのではなく爪を削る道具。目の不自由な方から、デート前に会社で音を立てずに爪を整えたい女子まで使える。

結局、私の生活を助けてくれる製品は、障害者用に考案された医療用具ではなく、企業努力で開発され、万人にとって使い勝手がいいものということになる。

今度は、私のほうから質問する。

「娘ちゃん、元気なん？　なにかあったん？　嫁にでも行くんか？」

「嫁入りなんてうちの子は無理。一人暮らししたい言うて、自分で賃貸契約してきよって。あのあほ」

「あはははは」

「千夏さん、家電はなにを持たせたらいい？」

「なにも持たさんでよろしい。目の前にいるこのあほも一人で生きてる。使いやすい家電も人によって違う。たとえ失敗しても自分で選ぶことが大事」

と言いながら、私も息子が突然出ていった時、こんな慌てた顔をしたのかしら？と振り返る。

「娘ちゃんに、いつでもなんでも聞きにきてって言うといて。一人暮らしの先輩だから。今は昔と違って、いろんなお役立ちグッズがある時代。大丈夫！」

誰にとっても、人生は毎日探検だ。

更年期は向井理様似の鍼灸師が解決

夫を亡くし、私は奈落の底に落ちた。その直後に、生理が止まった。人間の体は結構うまくできている。女性の機能も、不必要な時期がくるとストップするのだと受け止めた。が、この時ドクターは困った顔をした。

「四十五歳で閉経は早い。それに閉経理由がよろしくないねー。今、ホルモンバランスが急に狂うと発狂の可能性もある」

「発狂って、すごい言い方ですね」

とすでに発狂状態にあったのに、当時はまるで他人事《ひとごと》だった。毎夜、犬の遠吠《とおぼ》えのような泣き声をぐったりするまで出していた私に、漢方やホルモン剤が処方された。飲んではみたが、月のものは一向にこない。

数か月後、俳優向井理によく似た鍼灸師に、まだ少し残っていた恥じらいを隠して相談した。彼はカルテで年齢を確認すると、

「四十六歳かー。うちの母親は四十過ぎた頃、終了でしたよ。でもご希望なら、女、呼び覚ましましょうか？　怪しげな薬よりは……まあ鍼灸はもっと怪しげなんだけど。意外と鍼灸治療は、逆子や生理不順に効果ありなんっすよ」

彼の醸し出す雰囲気込みの治療に、ゲスい私の体は見事に反応した。

すぐに定期的な出血が起き、徐々に間隔が開くセオリー通りの閉経をたどった。

そして、完全終了を迎えたのは五十一歳。本物の向井理氏の舞台の日だった。近くで用を足した瞬間、なんの前触れもなく大量出血した。あまりにも真っ赤なきれいな血だったので驚いた。持っていた生理用品では足りず、劇場近くの薬局に飛び込んだ。まあるいお顔の同級生・花子ちゃんに似た店員さんに状況を伝えると、

「閉経のしかたは、人それぞれなんですけど、私も大量出血しました。痛みがなければ、これをつけて舞台を楽しんできてください」

紙パンツに近いナプキンを渡された。

この時を境に、生理はピタッと止まった。

二年後、再び向井氏のお芝居を観た数日後、「今回は、汚血騒動はなかったですか？」と鍼灸師に聞かれる。

「ないない。実は今回、二度も公演を見たのよ。一回目は後ろの席で話の筋を追うため。二回目は間近で向井君を見るため。でも、シャツを脱いで裸になるシーンは恥ずかしくて直視できなかった」

「ははっ、乙女ですねっ。ていうか、完全に枯れちゃってたんだ。まさしく女の一生でしたね」

「まあね」

彼の心地よい毒舌に、私はほくそ笑む。どうやら、私は彼の見方によると女の一生を全うしたらしい。が、未婚・既婚・産む・産まない・産めないなど、女の一生は女の数だけある。ただ、障害を持つ女たちは自分の意思以前にまわりの偏見によって堕胎や不妊（断種）手術をされた事実がある。たとえば、障害者が施設に入れられる時の条件として、子宮摘出があった。障害者の女には生理自体が不必要だ。生理処理ができない者の世話はしたくない。女という性を捨てて、家畜のように飼いやすい状態になってから施設にこいということ？

私は、体に危害を加えられなかったが、女性として生まれてきたことを祝福されなかった瞬間もある。初潮の時、母は困った顔をした。結婚し妊娠した時、ドクターは「おめでとう」ではなく、「家族計画はどうお考えですか」と問うた。

優生保護という名のもと、障害者が子どもを産むことも、子どもが障害者になる可能性が高い出産も、禁じられた時代は長かった（一九四八年から九六年の旧優生保護法に基づく強制不妊手術）。

夫の死後、私に働き、書き、生きることを決意させ、そして無事、更年期が終わることを手助けしてくれたこの鍼灸師には、本当に感謝である。

が、出会いがあれば必ず別れもある。

二〇一八年の春、彼は医療の現場を離れ、鍼灸学校で教鞭《きょうべん》をとることにし、故郷に帰ることになった。全身で涙をこらえる私に、

「こちらこそ、ありがとうございました。まったー、そんな今生の別れみたいな顔をして。福本はもう充分、自分を生きることができます。またいつか。いつかは、ちょっとわからないけれど、いずれ伺います」

向井理に似た鍼灸師は、とびっきりの笑顔を私の心に残した。

column

「障害者差別解消法」で私たち、わかりあえる？

「障害者差別解消法」は二〇一三年に制定、二〇一八年に施行された。みなさんも、健常者と障害者の溝がかすかに埋まりそうなこの法律名を、一度ぐらい耳にしたことがあるのでは？

この法の理念を簡単に言うと、障害者が障害を理由に社会のさまざまな場所から「排除」されないようにすることだ。具体的には、耳が聞こえない人には「筆談」で対応するように、車いすでも乗車拒否しないように、障害者が求めた時には必要な対応や配慮をするように、スポーツクラブや習い事の入会を、障害を理由に断ることのないように、ということ。

ではあるが。移動の途中に用が足せるトイレやエレベーターがあるとは限らない。数段の段差のため入れない店もある。

いくら健常者同様の対応をしていただいても、建物の構造自体が障害者を拒否っている。

水中歩行をすすめられ、いくつか温水プールの見学もした。が、かなりの確率で、受付からプールに行く時、長い階段に出合う。昔と違って「ここは階段が上がれない人は利用できません」なんてことは決して言わない。満面の笑顔で「ゆっくり行きましょうね」と館内を案内される。入会費無料のキャンペーン中であることや、ダンスやストレッチ教室のプログラムの説明を受ける。階段の昇り降りができない私は、プールで少し歩いてジャグジーにつかりたいだけなのに。結局自らの意思であきらめることになる。なんだかその巧妙なお断りの手口にいやらしさを感じる。

配慮という優しい言葉で排除されている感じがするのは私だけだろうか。

プールもカルチャースクールも見学にとどまる、こんな弱気な障害者のために、「障害者差別解消法」はあるんじゃないの?

企業には「障害者を排除しない努力」も、うまくいかなかった時には、「調査報告」も求められる。

だが、しかし、この法には、それができなくても業務停止処分や罰金などの罰則はない。ありゃりゃー。そりゃー福祉も交通機関も民間企業に売り渡したんだもの。障害者相手にぞんざいな態度をとる民間企業があったとしても、国はなにも言えるはずはないよ。

それなら、せめて「障害者差別解消法」にもう少し効力を持たせよと思う。

効力なき法は、絵に描いた餅。この餅は健常者にとってはおいしく見えるだろう。が、障害者にとってはのどをふさぐ凶器になる。

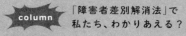

3

私、こんなふうに支えられてます

私は、脳性まひという病名と共に誕生した。が、子どもの頃は陽気な性格も手伝ってか、周囲の目なんて気にならなかった。結婚後も、障害者だからといって、とりたてて不都合もなかった。今より体の動きも軽く、なにより移動の時には、夫が車を運転して車いすを押してくれた。夫とは懸命に話さなくても通じあえた（と思っていたのは私だけだろうか笑）ので、言語障害も気にならなかった。とにかく私は夫とのアイコンタクトの生活を充分楽しんでいられた。

その夫が十二年前に亡くなり、息子も二年前に自立した。以来、私はヘルパーさんの手を借りて自宅での一人暮らしになった。正直、私が一人で生きる上で言語障害がこんなに不便とは思ってもみなかった。私は全身の筋肉を使って言葉を絞りだすので、少しの会話でもやたら疲れる。初対面の人や話しづらい人と話すと、発語に伴ってあごや首が緊張し痛みも出る。年々発語がしづらくなり、人の知恵や手を借りるのも一苦労の毎日。ふぅー。

初対面の人には、顔をゆがめ、全身をぐねらせ、思いがとっさに口に出せないのだから、考えていない、もしくは考えることができないと思われることもある。

人は人と関わる時に見た目から入る。だから、不本意ではあるが、多くの人が私ではなく付いてきてくれているヘルパーさんに聞く。買い物の時など、初対面の店員さんだと私の姿に腰が引けることも。それを見かね、ヘルパーさんは間に立とうとする。でも、私の欲しいモノって私にしかわからんじゃん。結局は、私が店員さんに直接話すほうが、ややこしくなく早く伝わるのよねー。

ヘルパーさんと私と店員さんで無駄な伝言ゲームをするよりは、私の声に耳を傾けてほしい……。

それに、店員さんは、私とヘルパーさんがツーカーだと思うんだろうけど、ヘルパーさんとも会話ができたりできなかったり。実はあんまり、変わらんのよ。

「それは言うたらあかんわー」と叫びたい時も「なんども聞き返してもらっているんだけど、大したこと言ってないよ。聞き流してぇー言わなきゃよかったぁ」と思うことも。

「それは先に確認してほしかったな」と心の中でつぶやく瞬間もある。が、現実として、私の生活を家族よりもはるかに支えてくれているヘルパーさんは一番近い他人だ。だからこそ、よりよい関係をより長く保つには、一定のルールと互いのほどよい心の距離感が必要となる。互いに誤解を招かないように、適切な言葉の積み重ねが大事なのは言うまでもない。失敗談もたくさんあるので、みなさん、お怒りなく（ペコリ）。私が今日を生き明日を迎えようとするのは、私の昨日を支えてくれたヘルパーさんとのご縁があってのことだ。

一期一会！　一日でも一時間でもお世話になったヘルパーさんには、深く感謝していることを大前提に話します。滑舌悪い漏れボイスで。

介護を受けるってこんなこと、ヘルパーさんってこんなお仕事

ヘルパーさんは訪問介護事業所から派遣される。私の一日は、ヘルパーさんの「おはようございます」からたいてい始まる。着替えや洗顔、時には、爪切りや清拭《せいしき》、口腔《こうくう》ケアもお願いする。朝食をとりながら、勤務や外出時にはその準備。日中は銀行や図書館や病院に付き添っていただくこともある。冷蔵庫になにもない時は、食料を調達しに行く。夕方から夜は、体調を考えながら食事や入浴を手伝っていただく。

仕事を始める前からのお付き合いのヘルパーさんもいれば、仕事を始めた頃に出会

えたヘルパーさんもいる。もし、私がどんな暮らしがしたいか定めずに仕事を辞めたら、彼女たちに迷惑がかかりはしないだろうか？　いや今も、障害者が働くことの大変さを理解し、時に臨機応変な対応もしてくれている。だから「それはしかたないですよー。しばしのご隠居生活を楽しんで」と介護事業所もヘルパーさんも、おっしゃってくれるだろう。

ヘルパーさんは何曜の何時に伺いますというお約束のもとに来る。助けて頂ける内容も時間数も決まっている。急きょ困った時に来てくれるとは限らない。だから、お困りごとがたくさんあるよう見受けられる障害者でも、

「その日のしたいことも、してほしいことも変わるやん。それにヘルパーさんが来るから家におらないかんやろ」

「朝ウンチのタイミングでヘルパーさんが来たらへっこむねんな。あれが嫌やねん」

と言ってヘルパーさんを入れずにお暮らしの方もいる。トイレ介護が必要な方は「私がいる間に、とりあえず座ってみましょうか。もよおすかもしれませんよ」なんて言われる。でも、出ない時は出ない。出る時は鬼のように出る。計画通りの日常なんて、だれもできひん。

介護をきちんと受けることを、心にも体にもおしつけられたら苦しくなるよ。だから私は、他人からみれば危なっかしい、衛生面に欠ける生活でも、人様に多大な迷惑をかけなければ、あり！　ご本人がそれを楽しみ、愛おしいと感じていればええんとちゃうかなと。他人を家に入れるって、介護を受けるって喜び半分苦痛半分って言うのが本音です。

暮らしを助けるために制度がある。なのに、いつの間にか制度のために暮らしを合わせるようになる。この逆転発想に陥るのはなんでやねん？　って私も思います。まあ、基本、介護を受けたことがない、制度を使って生活したことがない人が考えたこと。制度自体に不備があっても、しゃーないんかな。ただ、昭和の助け合いや思いやりの空気も薄くなった。平成から令和に向けた風が爽やかだと感じる人も、ツベタッと肩をすぼめる人もいる。そんな中、ヘルパー制度も少し試してみると、意外に温かくいいもんだと思うかも？　ですよ。みんなが、困った時には少し制度を使う。そこで、ほんまはこういうことを助けてほしいねんとちょっと言う。その積み重ねで制度も少しずつ使いやすくなっていくと思うんだけどな。

ごみが大変なことになろうとも、今日は寝てたい～。

いやいや、千夏さん、そこは二度寝を楽しんでください。

ウンチの途中だったのに〜。

千夏さん、出したいものは誰がいても出す！　そのトレーニングは人生において損にはなりませんよ。

私の声にはしないが、お顔に出ちゃっている言葉を想像し、物音をなるべく立てず掃除をし洗濯をしてくれる我が家のヘルパーさん。今日もお世話になります！

「おはようございます」

心の中で言う時もございますが。

ヘルパーさん、存続の危機

障害者団体の連絡会「きょうされん」は、介護・福祉労働者の年収が一般企業と比べると大幅に低いというデータを発表している（二〇一六年）。「平均年収・JP」のサイトのデータを見ると、長年勤めてもホームヘルパーの給料の上昇率は微々たるもの。加えて、六十歳を過ぎれば下降している。

「介護は誰かがやらなあかん大事な仕事。でも、夢や希望を一緒に語れる、学べる大人には出会えない」

そう言って離職する若者も多い。どんな業界でも若者の定職率は低いと言われるが、他業界に比べても介護業界の人手不足は、深刻になるばかりと聞く。

知人の介護事業所も二年前から存続の危機にあっている。

「最近、なにかときつくってね。娘が会社辞めて手伝おうかって言ってくれたんだけど、私、こんな仕事をさせるためにあなたを育てたんじゃないって、思わず叫んじゃった。自分がこの仕事してるのに」

彼女の言葉に私はこう答えた。

「子どもは疲れている母を見るのがつらいのよ。でも親は子どもに頼るのがつらい、まして自分がやりがいをあまり感じていない仕事を無理して手伝ってもらってもね。少し話は違うけど、ぶっちゃけ私も、息子が大学を退学して介護の仕事をしていた時より、復学卒業して教師になった今のほうが、大きな顔で息子の職業を言えてる気がする」

介護職は、親が就いてほしい仕事のランキングにも就いてほしくない仕事にも入っていない。障害者同様、介護職もまた世間から遠い別世界の人に位置づけられている気さえする。

私は、自分が働くまで、働く健常者というのはなんと欲張りなんだと思っていた。お金もらって、「ありがとう」と称賛されたい気持ちがわからなかったからだ。今ならよくわかる。私だってお金をいただいた上で、なお人から認めてほしいもの。障害があろうとなかろうと、人間には承認欲求があるのだ。人ってほんとドンヨク～。

介護職は、障害者やそのご家族から感謝されやりがいを感じる時もあるだろう。が、なにぶん年収が一般企業より少ない。なので、きつい・汚い・給料が安いに加え、汚物に触れるなど感染の危機もあり、４Kと呼ぶ人もいる。奇声や謎の笑い声がごあいさつ。今日できていたことが明日できなくなるのも日常。人によっては、あるいは体調によっては承認欲求も満たされず、この賃金でやってられない……等々と思うのかもしれない。アクシデントを楽しめる人ばかりではない。笑える時ばかりではないよね。

他の仕事同様、なかなか困難を極める仕事だもの。なのになぜ、介護労働者の年収が一般企業よりははるかに少ないの？　このことを考えると、「介護なんて誰でもできる仕事。弱者の世話は弱者にさせておけばいい」という社会の魂胆に気づく。福祉のお仕事は、決して誰でもできるわけじゃないよ！　それに、本来、人が穏やかで快適な生活を送れるように手を貸すという、夢と希望があるはず。でも、多くの介護事業所や施設は、ただただ、今日をやり過ごすだけで精いっぱいの現状。ならば、せめて今日の労働に満足できる対価が、支払われるようになってほしい。そうすれば、障害者の明日を共に考えられる介護労働者がたくさん出てくるかもしれない。

人間は人と出会い、生きる中で希望が生まれる。人生たった一度。私とあなた。お互いが希望の星になる。これが、この世に誕生した意味。

絆ってなに？　寄り添うってどういうこと？

お仕事であろうとなかろうと、出会った人が困っていたら手を差し伸べる。そんな感情を持つヒト科の動物でありたい。が、現実はなかなか難しい。

時として、作った家族や、年老いていく父母さえ投げ出したくなる。そんな時、一人でがんばりすぎて、命を落とさぬように、考えられた社会の仕組み。人が生きる最低限のセーフティネットとして、社会保障や医療、介護制度がある。でも、どこになにを言えばいいか、情報もいきわたっておらず、声をあげるのはすごく勇気がいる。

それに、絶望の渦中にいると、生きることに希望があることすら忘れてしまう。不幸な境遇のまま放置されると、幸せになることが恐怖にさえ感じてしまう。

「助けてー」と言えた時点で、なんらかの違う毎日が得られることもある。もちろんそうじゃないこともあるが、叫んでみなきゃわからないと、私は身をもって知る。

私も夫亡きあと、生きるのが怖かった。

そして、今も体調が悪い日は、生きていることが辛い。が、それと同じ分だけ感謝もできるようにもなった。半日以上ベッドにいる時など、特に気心の知れたヘルパーさんの訪問はうれしい。ある日、ベッドから身を起こしながら、いつも、さりげない気配りができるヘルパーさんに問う。

「介護の仕事をしていて、心がけていることは？」

彼女は東日本大震災の年に離婚をした。長年にわたって考え続け、やっと夫婦の結論を出した直後に震災が起きた。内情を知らない周囲からは、

「なにもこんな時に……こんな時だからこそ寄り添わないと。親戚の恥だ」

と罵倒されたそうだ。当時は、皮肉にも、いたるところで絆《きずな》という言葉が使われていた。

彼女は、絆ってなに？　寄り添うってどういうこと？　と考えた。気づけば、大阪でヘルパーという仕事をしていたそうだ。

「あっ、手貸します」

二度拭き用の乾いた布を手から離し、私の背中に手を添える。

「ありがとう」

質問に困惑しながらも、私の目を見つめる。

「心がけていることね……あっ！　この方、本当はなにを望んでいるんだろうって。親切の押しつけではなく、思いを推し測ることかな。

ご高齢の方も障害をお持ちの方も、私たちに出会うまでは助けてと言えなかった。今も遠慮されているんでしょうけど、こちらが無理させていたら本末転倒ですもん。

大丈夫とおっしゃってても、そうでないことも多いし。日本人気質っていうのかな。みなさん我慢しすぎなんですよ」

「実は私、布団の中でおしっこを我慢してました。行きまーす」

彼女の爆笑を聞きながら用を足す。

「ペーパー入れてくれたんだ。ありがとね」「いいえ」

私がお茶をゆっくり飲むのを見ながら、部屋を片付け洗濯物を干す。

「あと慣れないことです。利用者さんには、私たちに慣れて親しんでいただく。信頼関係ってお互いが歩み寄って努力してできていくと思うんです。だから、そこでできた関係に私たちヘルパーは慣れてはいけない。関係が深まるほどなあなあになったらダメだって自分に言い聞かせてます」

「距離感が大事だよね。私はぎゅーっとしてほしいわけじゃない。この年になれば、相手の懐に入ったふりは時々するけどね」

「うわっ、福本さん悪党」

「生きていくのに必死なんよ」

つぶした梅干の入った白がゆを頬張《ほおば》る。

「うまい！」

「ありがとうございます。また三日後に来させてもらいますね」

「そうね。毎日だと梅干の種がまざるかもしれないもんね」

「あっはは。私も悪党ですから……」

「付かず離れずの細い関係を長く続けるってほんと難しいよね。でも……」

「でも、なんですか」

とヘルパーさんは微笑む。デモ、ヤメナイデネ。

それは言うたらあかんわー

気づくと、本格的にヘルパーさんを入れての暮らしも、十二年以上になる。こちらの生活環境が変わろうとも、細ーく長ーく支え続けてくれているヘルパーさんには感謝である。互いに人間、なんでもそうだが「それは言うたらあかんわー」と連発して思ってしまう方とのご縁は薄くなる。

会話の一部だけ切り抜くと「悪気ないんと違うかな。とっさに言い返せない言語障害ゆえに深刻ぶってる」とも受け取られてしまうかもしれないが、それでも、やっぱり言うたらあかんことってあるよ。なのでここは、ヘルパーさんは熟読しないようにお願いします。あはっ。大阪のボケと突っ込みふうにサラッと参りましょう。

「私、今日疲れているので早く帰りたいんです」

おーい、さっきまでしゃべりまくってたやん。あと一時間あるでー。掃除機かけるの嫌なんか。

「この種の方でこんなにやりやすい方は初めてです」

ほな、わたしゃ珍種かいな。

「えっ、この方、手足がこんなにご不自由なのに、体を動かしたいんだって」

おいおい、そこまで特別な目で見てたんかいな。と、逆に私がびっくり。

「脳性まひは神からあたえられたもの、千夏さんは神から選ばれた脳性まひ者なんです」

……!?

「千夏さん、キュウリ一本か二本か悩むんだ。銀行にいっぱいお金あるのに……」

大きな声でええかげんなこと言いなや。もし知らん人がほんまにして、車いすの私からすっからぴんの財布を盗《と》って、けがでもさせられたらどうするん。私はとっさに体が動かされへんの。

「最近、私まったく緊張感がないんです。好き勝手にさせていただけて、この仕事ほんとありがたいです。仕事だかなんだか、もうわかりませんもん。楽しくて」

確かに仲良くするように努力はしている。けど仕事はしてくれ……。あんただけ楽しんでどうするよ。

「えっ？　多少のことでは人間、死にません」

シャワーの水圧強すぎ。顔にずっと当たってるし。ぐるじー。もはやホラーじゃん。

「柔軟剤ドバドバ入れないでって？　そこは誰も困りません」

いやいや、きっついにおいが苦手な私がむせるわ。

「どこでも私とならパラダイスでしょ」

電車乗り間違えただけじゃん！

「千夏さん私のこと好きすぎですよ」

はい？

「千夏さんのお顔、ひふみんに似てますね」

ふん？　ひょっとして愛されキャラって言いたいんか？　寝起きのお顔は確かに近い！　だけになんか微妙。

「食べ方も練習次第できれいになります。がんばりましょ」

私なりに目いっぱい気をつけてるよ。あのさー私にとって食べるのって命がけなんよ。なのにそのガッツポーズ、うざっ!

私より若い方が、こんなことを言う時って、信頼関係ばっちりなんて思っているのかな。それとも、友達感覚で言っているのかな? いや、私は友達でも、よう言わんわ。ノリにしても、のられへん。

口は災いのもと。障害者、ヘルパーどうのこうのじゃなくて、人としてどうなん? って思っちゃいます。これ以上言うと説教ばばあになっちまうので、次いくよー。

とはいえ、私もモラハラ疑惑がございますので。

私ってモラハラ障害者？ アウト？ セーフ？

ヘルパーの山根さんからは、数か月前汗だくの体で承認なしのハグ付きのあいさつを受けた。今日は山ちゃんが、車いすを押し、進みだす。汗のにおいで私はむせる。「大丈夫ですか？」と言いながら、顔を近づける。その拍子に車いすの持ち手が汗で滑った気がした。

介護職一筋と聞いていたが、車いすを押すのが初めてかと思うくらいだ。電車に乗る時もうまく車輪を上げられず、体が斜めになる。私の体にも冷や汗が走る。

自宅に着くと、手も洗わず、汗だくのままリビングを陣取る山ちゃんは、事業所によると、素朴で、温かくて、世話好き。決して少々衛生面への配慮に欠け、人との距離感が測れないとは言わない。

彼は今まで、障害者施設、知的障害者作業所で働いてきた。彼だからできた仕事も、慕われた部分もたくさんあっただろう。少なくとも彼は人の命は奪わないだろう。その信頼感は持てる。

でも、居宅での介護ヘルパーという仕事は、サービス業という意識も持っていただきたい。山ちゃんは、可哀《かわい》そうな方、お困りの方をお世話してあげている、というゆがんだ善意が会話の端々に出てしまっている。

「この人、なんだかー」

なんて言えず、言葉をグッとお腹におさめていると、体が緊張し、あちこちが痛みだす。帰り際には、とどめの言葉が山ちゃんの口から出る。

「千夏さんの笑顔いいです。僕だーいすき。千夏さんは僕のこと好きですか」

うわっ。急に距離を詰めてきた！　顔が近すぎる！　今日は手でも握って頬《ほお》ずりでもされそうな勢いだ。私は後ろに手を着きお尻を浮かして、体を移動させる。そのたびに山ちゃんの体もついてくる。うっうううわ。

彼の言葉も聞き流し、はぐらかすように、少し大きな声を懸命に出す。

「今日はおつかれー」と私は立とうとする。「ねえっ、僕のこと好き？」と詰め寄る。

「はあ？　好きもなにも、なんでそんなこと聞くの。めんどくせーわ。山ちゃん、私を困らせた時点でアウトかな」

しょげる様子を見せない彼に、言葉の真意が伝わっているのか疑念を抱き、「アウト！」と親指を思いっきり突き立てる。

すると彼は、「セーフ」と両手を横に広げる。

「アウト、セーフ」

まずい！　やっちまいそうだ。悪い癖。

「よよいの、よい」

で、じゃんけんポン。

「はい、山ちゃんの負けー。お帰りはあちら」

玄関を指さす。

じゃんけんに負けてたら、どうしてたよ。あほな私。それでも、まだこちらの言いたい肝心なことは、まったく伝わっていないようで、

「千夏さんってめちゃくちゃ楽しいです。僕、千夏さんとお出かけもしたいなー」

ふうー。健常者はタフだ。

「その言葉だけ、ありがたくもらっとくわ」

障害者の胸の裡《うち》、少しは察しておくれと念じながら、彼に手を振る。

スーパーゴッドもゴッドハンドもあらへんで

障害者ゆえに……とおっしゃるもう一方で、障害者は神！　と崇《あが》める人がまれにいる。

私は人。神と私という文字を並列に書くのさえ恐ろしい。それぐらい臆病な人間だ。いわゆる「神がかっている」さまを省略して「神ってる」と言うが、残念なことに私にはちょーすごい超人芸などない。特定の信仰を持たないので崇める神もいない。

十二年前に夫を仏という形で送ったので、家から二駅のお寺さんとはご縁ができた。ここの住職は時おり、私のカウンセラー的な存在にもなる。ファンキーな住職との出会いに感謝はしているが、私は仏道にも通じていない。きっと死ぬまで門徒もどきだ。

クリスマスには、自分への小さなご褒美を買う。伊勢《いせ》神宮を参拝した時は、前の人の作法を真似て、礼をして手を合わせ、家族のために願い事をする。が、うれしい日、心がざわつく時、どうしようもなく悲しい夜を過ごした翌朝、私はとりあえず納骨堂に向かう。

　これは、人より早く未亡人（私は未望人と書くが）といわれるカテゴリーに入った、一般的な日本人の姿だ。

　人によっては、ひねた見方だと言われてしまうかもしれないが、障害者を神と崇める心理は、障害者を馬鹿にする心理と通じているのではないだろうか？　と私は思う。神は成長を求められない。むしろ、そのままの姿でそこにいることを求められる。これは障害者の特徴によく似ている。だから「あなたがでーんとそこにいてくれるだけで世の中は変わる」なんてことを言われても、どうにも私は居心地がよろしくない。

　自分の想像が及ばないものを神と崇め熱狂するふりをするのも人間。そして、その神に、自分がいないとなにもできないと思わせ、依存させようとする人間もいるのだ。

　成長を阻み、相手を劣位に置いて、自尊心を満たそうとする者は結構身近にいる。そのことを五十歳から社会に出て、嫌と言うほど学ぶことになる。

「千夏さんはなにもしなくても、できなくてもいいんです。千夏さんだから。でも、すごいですね。そんなこともできるんだ。さすがスーパーゴッド」

　と、紅茶に合うベランダのミントをつむ私に声をかけるヘルパーさん。

「スーパーゴッドってなんじゃそれ!?　わたしゃスーパーマーケットが好きなおばちゃん。あなたもよく知ってるっしょ。これ飲んだらスーパー行くよ」

ヘルパーさんに言う。

「ミントティーっておいしーい。私、一生千夏さんについて行きます」

もう、ええって。

まあ、健常者という身を想像できない私も彼女を褒めちぎっているからお互い様なのかな。私は五百グラム以上のものを重たいと感じてしまう。米をとげば半分以上排水口に流してしまう。彼女はすごいゴッドハンドの持ち主のように感じる。

でもでも、スーパーゴッドもいない。ゴッドハンドもない。

私たちは互いに失敗をくり返す、成長を志す弱い人間なんよねー。


ここ数年間交流があり、なんでも話せる知人もこう言った。「僕は君のイタコだね。まるで、神の言葉を口寄せするような。君には僕が必要なんだ」と。まあ、お酒も入っていた席だったので、聞き流すふりをしたが、「私は人！　神の言葉なんかじゃないよ！」とあの時、あの場で言い返せばよかった。

近しい間柄だと思っていただけに、ショックだった。が、こんな考え方もできる。障害者を神と崇める。昔の福助や七福神の恵比寿様は障害者だったと言われている。家族は彼らに石が飛んでこぬように、それを崇めた。いわば家庭でつくりだされた「生き抜くための知恵」でもあったはずだ。彼とは、この「知恵」を共に考える絆も確かに感じる。

同じことを言われても相手や状況によってこちらの受け取り方は変わる。これもまた互いに人間たるゆえんでしょ。

「たにじい」と「よしじい」

うちには、昔「たにじい」という男性ヘルパーがいた。長年ご夫婦で薬局を営んでいたが、駅前にドラッグストアができ、店を閉め、ご夫婦ともにヘルパーさんに転身した。一回りほど年上のたにじいは、夫の生前からのお付き合いだった。彼はいつも付かず離れず距離をうまくとり、ヘルパーさんとしてそばにいてくれた。夫も息子も

「たにじい」を慕っていた。

　彼は、時おりだが、中学生みたいなシモネタを言う。

「もう、たにじいがエロジイになった。母ちゃん（お連れ合いさん）に言うで」

と言うと「お嬢もウケてましたがな」と頭をかいた。夫が亡くなってからは「僕は一応男なんで、なんもようしません。でも、お嬢がお風呂やトイレでなにかあったらうちのやつが駆けつけますよっていつでも連絡ください。独りや思うたらあきまへんで。無理に強うならんでもよろしい。ただ気晴らしは忘れたらあきまへん」と静かに励まし続けてくれた。彼のおかげで、夫の死後も四季を忘れない暮らしを私は営めた。そんな彼が、私の就職が決まった頃、癌《がん》になった。

　ある日、職場で一人になった時、「お嬢」という聞き慣れた声がする。振り向くと、たにじいがいた。

「心配で見に来ましたんや。働いたことがないお人が、がんばってますんやな。はよ病気治して、迎えに上がります」

　この顔と声が最期になった。それから三年後、私の初出版の会にお連れ合いさんが来てくださった。

「主人がお世話に……」

面識がなかったが、「たにじいのお連れ合いさん」だとひと目でわかった。彼が最期まで人としてヘルパーさんとして尊敬され慕われる存在であったのは、支え続けたこのお連れ合いさんがいたからだ。「ありがとうございました」と私は深々と頭を下げた。

ヘルパーという職業は人を支え、心から「ありがとう」と言われる尊い仕事だ。ところが、このことを理解していない、あるいは理解しようとしない人もいる。一回り年上の吉田さんが、通勤介護もかねて少しの時間だがヘルパーに加わった。彼の本格的なヘルパーデビューは、うちであるらしかった。初対面の時に感じたわずかの不安や心のざわつきも、この人の勤務先も家の方向も私と同じという偶然が消してしまった。夕飯から夜にかけての時間帯はヘルパーさんとのご縁もいただきづらい。異性ということも、お互いにいい年なので気にならない（？）はずだった。

パソコンが苦手な私は、職場の帰りに彼に尋ねた。最初は時間もエチケットも守り、家に帰ると夫の写真に手を合わせる紳士的な態度だった。

半年すると彼は変わった。まさか困った時の命綱が、少しずれて自分の首を絞めるなんて思ってもみなかった。

古くからの友人は、男性が通勤介護をかね、生活介護に入ることを「若い子なら、まだ息子感覚で持ちつ持たれつ距離感とって、ちなっちゃんはうまく付き合えるんだろうけど、おじさんは大丈夫か？　そのくらいの年の人って頑固だよー。洗濯物一つ入れてって頼むのも気を使うよ。きっと」と懸念していた。

案の定、私は「照ちゃん……」と彼女にSOSを出す羽目になった。

「あーあ、とうとう……複雑な乙女心はゆっくり聞くから、とりあえず落ち着こう」

駆けつけてくれた彼女に背中をたたかれ、泣き笑いをした。

「トイレとかの時困ってんでしょ。我慢して漏らしたか？」

「それがねー」

と涙ぐむ。

「『僕でよければトイレも……男の障害者なら女性を好むでしょ』って。あっ、『僕別居して母と二人で住んでんの。母が亡くなったら、僕ここにこようかな』って言われて」

「なに？　求婚？　あっ、違うかー、別居だもんね。冗談にせよセンスが？」

と首をかしげる。

「私怖くなって、『それは丁重にお断りします。もしあなたにトイレ介護を受けなきゃいけないくらい障害が進んだら、あなたには介護を外れていただきます。そうならないようにがんばります。それにそれってセクハラですよ』って」

「おっ、がんばって言ったんだ。なんだか、その人……自分がヘルパーっていうことがわかってないんじゃ。あんた、なんか勘違いさせるようなことしなかった？」

　とぼそぼそとした口調になる。

「してません！　ただ褒めはした。プライド高い系だったから」

「そっかー。でもあんたって自覚なく人懐っこいというか……まっ、分析するとだな。障害者と関わったことがない初心者ヘルパーが、ご不自由なこのご婦人には完璧な僕が必要なんだと勘違いしたってわけね。あんたは、生活を成り立たせるのに、たくさんの人に関わってもらっている。大事な人がたくさんいて彼もその一員。彼にはそこが見えてないというか。きっと彼は……居心地がよかったのよ」

「私も最初はね。でも、私の伝え方も自信がないんだけどね。だんだん時間もルーズというか勘違いされるし。それになに買う時でもいちいちたっかーって言うし。最近では買うのをやめさせようとする。お相手するのが正直めんどくさくて。こっちは通勤帰りでへろへろ。買い物に時間かけてる余力なくカゴにぶちこんでんのに。いつもにこやかな対応なんてできんでしょ」

「うちらは、どこのスーパーのどこに何があるって知ってるよね。特売品の値段とかも自分基準がある。買い物に行く前にはなにを買うか考える」

「うんうん。私は人の手を借りるので、短時間で最短で効率よく買い物をする」

「でも、彼はあなたの判断力が人より早いことも、食材の知識もうちらよりあるなんて夢にも思っていないのよ」

ひょっとして彼の目には、子どもが欲しいものをなにも考えず買っているかのように映っていた？

「それにしても、買い物を手伝うのが彼の仕事なわけでしょ。その旦那面？　父親面？　は、違う。完璧に利用者とヘルパーさんという関係性が崩れちゃってる感じじゃん」

照ちゃんはため息をつく。

「致命的だったのは昨日。『僕疲れてるんで帰ります。相性合わないんで、辞めよっかなー』って」

「うわっ。僕がいないと困るでしょみたいなしたり顔、目に浮かぶわ。それってもう勘違いじゃなくて完璧アウトじゃん」

「私もその都度それってセクハラですよ。今のはパワハラって伝えたよ」

「でも、あんたがその口調で言うとますます相手は……このこと誰かに相談した？」

私は首を振る。職場には自分でお願いした通勤介護者だから言えず、事業所にも通勤介護中のことなんで相談しにくかった。でも、日に日に彼は、支援ではなく管理・監視の態度をとっていくようだった。

「その人はもうだめだわ。今までのことには感謝して一旦関係を切ったほうが……。感情のもつれによる……なんて嫌だよ」

「照ちゃんもそう思う？」と言う私に彼女は声を荒らげる。

「あんた、なにしてんの。あほか！　絶対にしたらあかん我慢も頑張りもあるって教えてくれたんあんたやろ。忘れたん？　ほんまに困った時は私も助けるから。あっ、退職希望は通ったん？　なら、最悪コンビニで夕飯買って会社から家までタクシー使ってもあと三回やん。仕事には自分で脱げる洋服を着てきよ、今暑いからシャワーだけ浴びてそれ食べて薬飲んで裸で寝ても」

私、なんで働くねんな？　ぽたぽた涙が出た。

「けど、一時の不便より一生の不覚は嫌やろ。事業所もなにかあってから知りませんでしたより、今聞いたほうがいい。がんばって言わな。それ、クレーム違うよ。人間の尊厳に関わる大事なことや。異性介護な……。同性でもいろいろあるのに難しいわな。まっ、仏さんになりはった『たにじい』とちぃーちゃんは特例の間柄やったということやな」

後日、意を決して彼が所属する事業所に相談をした。ヒアリングの際に、彼はどこかの社長が言うように「冗談やん」とおっしゃったらしい。「自分の発言に否があったと認める。あるいは謝罪の一言さえあれば、関係は修復できるかもしれないのに。きっと彼は善意という名のハラスメントに一生気づくことはないだろう」と事業所にも判断と協力をしていただき、退職までの一か月間も、私は全裸で寝ることはなかった。

column

「沈黙という言葉」が使える人に心を開く

プロといわれる人は、沈黙を使うのが実にうまい。私がそれを感じたのは、今から十二年前、夫の葬儀をおこなった時だ。

ホスピスの中で、患者様がご遺体になると、担当看護師は、看取《みと》った家族が深い悲しみに入る前の一瞬の頃合いを計って、「次のお話ですが」といくつかの葬儀会社のパンフレットを見せる。

現役教師だった夫を家族だけで密葬するのは違う気がした。生徒や同僚と最期まで教壇で生きた彼の送り方を、私は託された。葬儀は家の近くの名前が通っているところに依頼した。

病院の霊安室で数時間過ごしたあと、霊柩車《れいきゅうしゃ》ではなく遺体が乗るバンに同乗して、夫と私と息子は自宅に帰ってきた。夫は自宅に帰ってくるのを望みながら、ホスピスで息をひきとった。「父ちゃんともう一度家に帰りたい」という私の願いを、息子はきちんと葬儀会社に伝えていたのだ。

私たちの帰宅のタイミングに合わせて、葬儀会社の女性がインターホンを鳴らす。それから初七日までの間、彼女は生まれて初めて喪主を務める私を支えてくれた。

若いのに、物静かに状況を瞬時にくみとれる彼女は、まず一晩家に置く夫の位置を決め、遺体の状態を確認する。病院で美しさを保ってもらったものの夏だ。棺《ひつぎ》の中の遺体に、大小の保冷剤を添わせていく。

「この部屋だけは涼しくしておいてください。明朝、私がまた状態を見せてもらいますので」とだけ告げる。

その後に、「安心してください」や「ゆっくり休んでください」などの言葉はいっさいつけ加えない。

「おはようございます。なにかお変わりなかったですか」

翌日、彼女はまた遺体に向き合う。

「あっ。濡《ぬ》れてますね。もう一度着替えましょうか」

column

「沈黙という言葉」が使える人に心を開く

遺体を覆っていた大きな布を、用意していたきれいな布に取り換え、藤色のサマーニットを着せる。

本当は費用を最初に決め、プランするのがいいと彼女は言いたげだ。だが、私の大きな悲しみと小さな見栄、長年にわたる夫の親戚との軋轢《あつれき》も彼女は感じたのだろう。

「喪主様に一つ一つ決めていただいてもよろしいですか」

とだけ言い、親戚が見守る中、私と送り方を淡々と決めていく。

会場の広さ、棺、祭壇、骨壺《こつつぼ》、喉仏の残し方、お坊さんの人数。供える花、最後に遺影となる夫の写真をパソコンから選ぶ。

この時の請求書にも送り方にも後悔はない。後悔とは他の選択があったのにと感じることである。私はこの時も精いっぱいだったし、そんな私を喪主様と呼び、沈黙という言葉で寄り添ってくれた一回り年下の彼女には、感謝しかない。

ただ、十二年経った今、私の葬儀は、父ちゃんの十分の一くらいの費用でプランしてと、息子には伝えておこう。

半年過ぎても、まだお骨と暮らす私に、

「無理して納骨されなくても……いろいろな方がおられます」

と、彼女はお骨に向かって静かに手を合わせた。

健常者であろうと、障害者であろうと会話は想像力、優しさ、敬意があればスムーズにいく。逆に、過剰な独善性、功名心、承認欲求、間を考えない長々とした話、相手への勝手な決めつけなどがあれば、イラッとくる。会話からそんなものを感じとった時、障害者はさらにうまく意思表示できなくなる。

沈黙という言葉が使える人の前で、誰しも心開く。

4

親と子って、いろいろある

あなたは、母の日になにをプレゼントしましたか。私は、自分の肌には合わなかった化粧品を譲りました。目が見えづらい母に「なにかあったらすぐ使用停止」「朝」「夕」と大きくラベリングをして、カーネーション一本を添えた。まあ、娘のすることなんて、こんなもんっすよ。

息子は、自分が歓送迎会でいただいた花束をそのままテーブルに置いて「一か月後の母の日までもたせとけー」って。

大型連休には、縫いかけのジーパンをベッドに残して、大きなリュックと共に、行き先も告げずに出かけて行くやつ。母の日は忘れてもええけど、困った時は母もいることを思い出してくれればと思う。息子は私の思い、わかっているのかな？　というのも、私は自分の母がなにを考えているかはわからないから。

ただ、母は、依然として私を生んだことで自分を卑下しているように感じる。

どこの家庭にも人様に言えない出来事の一つや二つはあることは聞く。今は老夫婦、仲良く助け合って暮らしているうちの親も、どうやら危機に瀕《ひん》していたようだ。「あんたがそんな子じゃなかったら、とうに別れてた」という母に「なら、私がこんなんでよかったやん」と言い返してやったが。あはは。

現実、障害児を持つ夫婦の離婚率は高く、親が障害児を虐待する数は健常児よりも多いとされる。悲しいかなそんなデータもある。なぜなら、理想の家庭、思い描いていた子育てとまったく違うからだそうだ。

が、生まれてくる側は、そんなもののかけらも持たず、この世に誕生する。

命から命へのバトンタッチをするのは、人間。その命を育むことは家庭だけに押しつけたらあかん。障害児の命を省くことなく、どの命も育む社会にすることが、私たち大人の務めとちゃう？

あなたは親とどんな関係を築いていますか。お母さんが好きですか？　それとも毒親で困っていますか？　親子の問題って、たくさんある。障害者の親子問題もいろいろ。

「障害を持って生まれてくる」って どういうこと？

「この子はあまり長くは生きられないでしょう。ランドセルも必要ないかもしれないな」

私はドクターの告知に反し生き続けている。なかなかしぶとい脳性まひ者だ。「僕明日のこともわからんのや」と言っていた筋ジス男子もおっさんになったと聞く。医学の仮説はその時その時のものだ。

そもそも、「障害を持って生まれてくる」とはどういうことなのか？

それは、本人や周囲がどうあがこうと、どんなにがんばろうとも、変わる可能性が少ない部分を持ってこの世に誕生すること。私は脳性まひ。首や体が、当人が意識することなく、ぐらぐら、ゆらゆらたえず動いてしまっている。生後間もなくの足の手術と時間をかけたリハビリと運で、幼いうちに歩くことができるようになった。が、私がバレリーナを夢見ても、踊ることはもちろんトーシューズを履いて立つこともできない。ピアニストになることを願っても、一回り小さい親指しか動かない左手が、鍵盤の上を流れるように滑ることはない。

それでも、好奇心が強く、書道やそろばん、水泳にエレクトーンと、健常児がするおけいこ事はひと通りした。健常児でも、一芸に秀でるものなんてそう簡単に身につくはずはない。けれども、両親はどんなことも、「あなたにはできない」とは言わなかった。大学進学も

「普通の子どもと同じような環境をあたえよう。がんばる機会を奪ってはいけない。そのうち健常者と同じ土俵でやっていけるなにかを、この子は見つける」

そんな思いで、背中を押してくれたのだろう。

娘に障害があることを知った時から、両親は、「この子の命があるうちは、私たちががんばらなくては」と我が子を思い続けてきたのだろう。しかし、同時に「自分が年老いたらこの子を連れて逝こう」と恐ろしい愛を胸に秘めるのも親だ。

「千夏が結婚するまでは、俺もそう思っていた」

と父は一度だけつぶやいた。

夫が先立ち、息子が社会人として巣立ち、独りになった今の私を、父はどんなふうに感じているのだろうか。大学卒業を機に家を出て三十五年。ここまで熟し、枯れか

けた私を、手にかける恐ろしい愛のかけらは、もうないだろう。

人は一人で立ち、一人で逝く。その孤独は、障害者も健常者も同じ。

そして、人は皆不完全な存在。自分を完全に守ってくれる人などいない。が、その時々の「独り」を助けてくれる人はいる。私は生まれ、育てられ、今も人の中でお育ち中。

この世に送り込んでくれた両親に感謝！

障害者あるある。障害者は保護者とセットでいると思われがち。

障害児だった私は時おり、障害を持つお子さんのママから質問を受ける。

それらのいくつかの話を座談会という設定でまとめてみる……。よっ！

「千夏さんは結婚し、出産し、お子さんを育てた。私から見れば、あの時分は制度もなかっただろうし、子育ては苦労の連続だったと思うんですが……」

と四十歳半ばの髪を束ねた女性は聞く。

「確かに子育ては大変やったけど楽しかった。まっ、過ぎたから楽しかったなと思えるのかもしれへんな。子育てはやっぱりしんどいよね。

うちの親もきっと私を育てる中では、焦りや心配は多かったと思う。だから、専門機関（訓練を主にする施設）に預けたほうがいいのかなと迷ったこともあったんだと。でも子どもは、そんな親の不安や期待なんて知る由もない。私もそうだったけど。遊ぶことしか考えていない。子どもはみんな子ども」

「子どもは子ども……ですよね。でも、うちは障害が重いので、いつも良くないほうに予測しちゃう」

「それもわかります。私も夫の癌《がん》が進行した時には、希望を持ちながらも、最悪の事態になっても、すぐ次の手を打てるようにたえず考えてたえず動いてた」

命を託されている毎日は恐怖だった。部屋の片隅で膝を抱え、人差し指を噛《か》み、うめき声を押し殺した。だから彼女たちに「明るく考えて」なんて薄っぺらい言葉は吐けない。

重たい空気が漂う。その時、

「すみません。話が変わるんですが、うちの子は小五で来年の修学旅行をどうしようかと」

ピンクのTシャツとジーンズ姿のママのお悩みごとが来た。健常児には楽しいイベントごとが、障害を持っていると親子で不安になってしまうこともある。

「私の時代、障害児は養護学校か養護学級が一般的で。だから、親も普通学級だとどうしても入れてもらっているという感じがあった。修学旅行は母と一緒に行ったらしいんだけど、私記憶になくて。写真にも私ではなく、同伴した母の姿だけ映ってて」

と私は答える。

「今もそうですよ。障害児を普通学校で学ばせている親は、学校の送り迎えはもちろん、重度の子の場合、別の教室で毎日終業まで待機してますもん」

別のママが訴える。

「うわっ、それってまだ対応されてないんやー」

変わっていない現状に、私は驚く。

「千夏さんも、障害児への対応は学校の教師がやるべきであるという考えですか」

「それは……障害児だからではなく、教師だからやるべきではなくってね。学校という場所をどう考えるかだと思うんよ。学校って、家や親から少し離れることを練習するところやん。

話が学校からずれるんだけど、障害者が一人でおったらあかん雰囲気が、まだまだ社会の空気として漂ってるねん。五十歳過ぎた私によ、今日一人？ 誰かいないのって聞いてくるおばちゃんがおって。いい人なんよ。心配してくれてるのはわかるねん」

「いるいる。そういう人。で、千夏さんはどうしはったんですか」

と身を乗り出す。

「いやー私に話しかけてくれる貴重な人やし。珍しく声が出る日、思い切って……『下のコンビニに行きます』ってゆっくり話してみた。そしたら、『便利になったよね。気をつけてね。私は二十二階の七号室の田中です。なにかあったらいつでも言ってきてね』って」

「よかったですね。でも、社会はいつまでも障害者を親子セットで見ますよね。私が体調崩して病院に行くと、『ママ、今日は悠君、誰か見てくれてるんですか』って。学校では、私のトイレが少し長いだけで、『悠君、ママは？』って」

別のママが勢いよく会話に加わる。

「うちは共稼ぎなので、今年から障害児の放課後デイサービスを使わせてもらってる。でもね、保育園の時に仲がよかったママから、『お宅はいいですね。行きは支援校のバス、帰りも遅くまで障害児の放課後デイサービスで預かってくれて』って言われて。仕事の兼ね合いでそうせざるを得ないのに、なんかすごく悲しかった」

「そりゃー、子どもは可愛《かわい》いんだけれど、私たちって、子どもがいくつになったら保護者じゃなくなるのかな」

と白髪の女性の声に、会場はずしんと来る。

ママはママの人生も生きてほしい。そうなる社会に！

親は子どもにあたえたがるけれど……

「千夏さんは高校や大学受験はどうされたんですか？」

これもよく聞かれる。

いじめが原因で、普通校から支援校に転校する子がいる。高校受験をあきらめて支援校の高等部に行かざるを得ない子もいる。そんな中で結構目立つ障害を持つ私が、ずっと普通学校で来たのが不思議なのも想像できる。

「う・ら・ぐ・ち」

目を丸くする人。ふふふ、と笑いだす人。真剣な顔つきになる人。これにはさまざまな反応が返ってくる。

「なんちゃってね。そんな類の話もありましたが、お断りしましたよ。四十年前だからもう時効かな。合格ラインのはずだった私学の合否通知に、学校案内と不合格通知が入ってた。どうやら、障害児ゆえに、高額な寄付金を条件にしてきたみたいなの。親は払おうかって言ったんだけど、私が神のご加護も金次第の高校になんか行かないって、大泣きこいて、結局、駅近の公立高校に行った。当時、その公立高校は、荒れているなんて言われて、実際個性的な生徒が多くいた。でも、そのおかげで、私の障害児っていうキャラはまったく目立たなくなって、のびのび」

「いじめはなかった？」

「一人、私の答案用紙に『きれいな字で書けー』ってコメントした教師がいたくらいかな。『わかりやすい字で書け』ならまだ納得したんだけどね。生徒はドライな見せかけとは逆に、みんな優しくて、さりげなく誰かがいつも気にしてくれてた」

「入試や定期テストの時、文字が書きづらくて困ったのでは？」

「テストの時は、みんなと時間は同じ。ただ、それじゃあまりにハンディがあるっていうことで通常の三倍くらい大きな答案用紙を用意してくれた。でも、これだと少しの空欄箇所も目立つ。なんとしてでも埋めてやろうと、勉強したら大学の推薦がとれた」

「親はついついこの子になにをあたえられる？　って考えがち。でも……なにが功を奏するかはわかりませんよね」

「子どもになにかあたえたいと思うのは親だからこそだよ。ただ、なにがええかなんて、ほんま誰にもわからん」

少し先輩面して話す私に、

「大事なことは、子どもの生きる力を信じることですよね！」

その通り！　加えて、親も子どもから、いろいろなものをあたえられたり、教えられたりしてる。私はこの年でこのことにようやく気づいた。

ふるい分けって、必要？

大学は推薦で、京都の花園大学社会福祉学科を受験した。言語障害が強い脳性まひの私には、とても不利な集団ディスカッション方式の入試だった。が、まさかの合格。大学での講義後、試験官だった教授に「私を覚えてくれてますか」と聞いた。

「あっ、君かー。カウンセリング方法についての討論の時、まず相手の話を聞くのが一番と、最後に述べたね。みんなが伝えることに必死だった中で、君の一言が響いた。あの時の気持ちのまま、しっかり学んでください」

この出来事で、またまた私は水を得た魚になり、四年間いろいろなことにチャレンジした。重度障害児施設や養護施設での福祉実習、サークルでの療育キャンプ。さまざまなお子さんと関わらせてもらった。教育実習では子どもたちに見守られて、中学・高校・養護学校の教員免許をとった。

時が経ち、今、障害を持つとされる子どもの定義も変わった。注意力が足りなかったり、学習面で困難があったり、対人関係が苦手だったりする発達障害児も加わった。

このことがテレビで取り上げられたせいか、障害児の親の相談員をしている知人のもとには、発達障害を疑う親たちの相談が増えたという。

「知らないところに行って、知らない人に会ったら泣く、言葉が遅い、着替えられないなど、これって発達障害なんですかっていう相談がむちゃくちゃある。それって発達途中なだけ！　って、叫びたくなるよ」

「ふーん、大変なんや。そこにグレーじゃないうちらのような障害者の親御さんの相談もあるわけやろ」

「自分の子どもがはっきり障害児だとわかっているお母さんは、逆に将来の不安や心配は口に出さない。自分だけで抱え込まないで、もっと愚痴ってくれればいいのにって思うよ」

彼女は言葉を続ける。

「実は、うちの娘も小学校にあがった途端、発語障害かもって言われて。保育園の時はなんにも言われなかったのに。で、今、追い級に行ってる」

「えっ、お灸《きゅう》が効くんや」

「お灸じゃない。もう千夏さん耳まで……追い級っていうのは、普通学級に加えて放課後に少し時間をかけて勉強しましょう、みたいな感じ」

「本人が楽しんで行けてたらええと思うけど。で、どんな発語障害？」

「うちの娘は、サシスセソがチャチィチュチェチョになる」

「うわっ、そりゃあ十年したら障害やのうて武器になるでー」

「千夏さん、なに考えてるんっすか。ほんとにもーう！」

　彼女はけらけら笑う。

「私なんて発語障害バリバリ。やけど、あんたとこうして意思疎通できてる。あっ、うちの子も言葉が遅かった。お母さんが言語障害だからかなって、障害者と関わったことのない保健師の心配するふりの顔には心底むかついた」

「あっはは。その保健師、偏見の塊ですね。私も気をつけなきゃです。今日は久しぶりに落ち着きました。子育てを経験した人からの言葉って、なかなかもらえないんです。私はシングルマザーで実家も遠い。働いているので近所のママ友からの情報も得にくい。その一方で、本やネットの情報だけは莫大《ばくだい》にあって……だから、うちの子大丈夫かなって相談に駆け込んでくる親御さんの気持ちもよくわかる」

　現代は、子育てしづらい時代らしい。

子どもの成長を長いスパンで考えられなくなっているのかな。でも、早い段階で障害児・健常児のふるい分けをし、効率よく教育するのは違う気がする。子どもはいろいろな子どもと交わって、共に成長するのだから。だって社会に出たら、びっくりするほどいろんな大人がいるよ。

障害認定はレッテルじゃなくて、生きるヒント

子どもは置かれる環境で人生が大きく左右される。障害児といわれる子を持つ親はきっと悩むだろう。

「この子を普通の子と同じ場所で育てるか、障害児の施設や養護学校という場所で育てるか」

私の就学期は、養護学校は数も少なく、自宅からも遠い場所にあった。いとこや近所の子どもたちとそれなりに成長していた娘を見て、両親は教育委員会の前で覚悟を表明した。

「普通学級でどうしてもやっていけない時に、相談に乗ってください」

そして、障害認定を受けるかどうかも、本人が成人してから自分で決めさせよう、と両親は思ったそうだ。この時代は福祉サービスも充実していなかった。ただでさえ、私が誕生したことにより、後ろ指をさされ続けた両親。障害児と認定されわずかな優遇を受けることも気が引けたのだろう。

ただ、一九七八年から始まった西淀川《にしよどがわ》公害訴訟によって、訴訟後間もなく、私は認定患者になった。夜な夜な喘息《ぜんそく》の発作で苦しむ娘を見ていた両親は、命に関わると思い、認定を受け、当時当選倍率が高かった空気のきれいな北摂《ほくせつ》の公団住宅に転居した。

障害認定を受けたのは大学四回生の時だった。福祉行政の授業で障害年金が大幅に上がることを耳にした。就職活動も人一倍したが、どこも採用にいたらず、社会の壁の厚さを痛感していた。そんな時、ゼミ担当の教授が言った。

「君は、君やご両親がどう思おうと、れっきとした脳性まひ者。障害者ですよ。これまで障害者手帳がなかったこと自体、不自然です。手帳の交付と障害年金の申請をしてみては？」

後日、一種二級の手帳を見せたら、教授は「特殊特級の間違えじゃないの？」とつぶやき、うっすら笑みを浮かべた。

一方、発達障害児の場合はどうだろうか。診断を受けても、車いすや補装具の申請をすることもない。社会からレッテルを貼られただけ、と感じている親御さんも少なくないだろう。

成人してから発達障害の診断を受けた息子さんを持つ知人は、そっと打ち明けてくれた。

「彼は自分の意思で診断を受けに行ったんだけど、親としては複雑な思いよ。それに、発達障害者への支援の在り方が、通り一遍な気がしてね。というか、就労支援という枠を使って、彼らを閉じ込めているような気がする。もっと言えば、彼らは支援に利用されている感じさえする。社会が彼らの望む生き方を提供してくれているわけではないもの。

でもね、社会が発達障害という言葉をひねり出してくれたおかげで、彼は存在できている部分もあるかも……なんのネーミングもなかったら、うちの息子、たんにひきこもっている若者だったわけでしょ」

彼女の深いため息に、私はこんな言葉しか持ちあわせていない。

「みんな、白か黒かやないグレーのところで、もやっとしたしんどさを抱えて生きてるよな。そやから、障害認定を受けているかいないかやなく、困った人は誰でも助ける社会システムにせんとあかんよな」

世の中は、ますます殺伐としていく。

障害認定を受けるのはもちろんありだ。ただ、認定されてもなんのプラスにもならない場合もある。病名＝人格のすべてと捉える想像力のない人とのやり取りで、かえって生きにくくなることもあるだろう。

が、障害認定を受けることは、自分を知り、生き抜くヒントぐらいにはなると私は思う。

産み落とした姿かたちによって罪悪を感じることについて

十年ぶりに水族館に行った。

目の前を悠々と行き交う魚たち。大小の魚がよくもまあこれだけうまく共存できているものだ。これこれ、そこは水槽。海の中ではございません。飼育法がいいから……でしょうか。

さらに目をこらして水槽を見ると、なんと皆それぞれにさまざまな形や色をしていることか。私は私、あなたはあなた、僕は僕、と胸を張り泳いでいる。

だいたい人間の姿形は、みんな同じすぎる。だから、人より少し違った容姿をしていたら、目立ってしまうのだ。障害者も健常者も基本的にヒトなんだから、そんなに違いもないと思う。

私はいつもじろじろ見られる側にいるので、

「あんたも私もあんまり変わらんやん」

と言いたくなるのかもしれない。

魚なら、「みんな違ってみんないい」なんて、改まって言うこともない。そして、魚には出生届や個別の名前もない。製造元も定かではない。人間はほとんどの場合、製造元がはっきりとわかってしまっている。

八十歳をとっくに過ぎた私の製造元である母は、脳性まひ者という不良品を作ってしまった罪悪感を持ったまま死ぬのだろう。私は、「その考えはおかしい」とかなりの年月をもって言い続け、行動で示してきたのであるが、もう、「知るもんか！」である。

幼少期は病弱な脳性まひ児をあちこちの病院にみせ、命を一日また一日と長らえさせることに懸命であっただろう。健常児の子育てにはない苦労もあっただろう。就学時の差別や謂《いわ》れのない偏見に立ち向かいながら、生きる我が子を信じた。屈強な精神力を要しただろう。適度な環境の中で育ててくれたことには感謝の二文字しかない。でも、私を育てる中でしか、味わえない喜びや幸せもあったと思うのだ。

本当は親が子どもに育ててもらっているのに、そこに思いがいたらない。親は「育ててやった」と子に恩を着せる。そうではない立派な親もいるのだけど、親というものは、そんなどうしようもない一面も持ちあわせている。

ちなみに私もそんなどうしようもない親の類だ。三人家族の間は楽しかった子育ても、夫の死でシングルマザーになってからは苦行に感じた。十八歳まで普通の良い子だった息子が、夫の死後、迷路に踏み込んだように私には見えた。二〇一七年、夫の仕事を目標にしていた息子が二十八歳で中学の常勤講師になり、やっと光は見え始めた。が、息子にしたら、この時の私の思いなんて「知るもんか！」であろう。

いや、ちゃんとわかっていたのかな。こうして十年振りの親孝行にと温泉に一泊しての水族館計画を立て、祖父母まで誘って連れてきてくれたのだから。

旅行の楽しさがまだ残る桜が咲く頃、隣の市に住む知人が自宅にきてくれた。

「親子で水族館……それはよかったですね。でも、私が魚を見るのは、未《いま》だに活《い》きのよさだけ」

彼女は私と母のちょうど真ん中の世代。紺のブラウスにピンクのストール。小粋なこのマダムの娘さんも脳性まひ者だ。魚嫌いの娘に魚を食べさせたいというだけの理由で、娘の介護とリハビリの合間に魚屋でパートもしたという。きっと娘さんはこの母のエネルギッシュな愛を一身に受け、強い意志と大きな夢を持つ人間に成長したのだろう。二十四時間介護を要するこの娘さんは、五年前、ヘルパー制度を中心にして一人暮らしを始めた。この時ばかりは、さすがにこの母も「娘がグループホームから出て、一人暮らししたいって言ってる。どうしよう」と青ざめた。「それが娘さんの覚悟ある思いなら、好きにさせてあげるしか。人生は長いようで短い。やったもん勝ちなのは、障害者も健常者もおんなじ」と、答えたのを思い出す。

が、やはり現実は、一人暮らししたものの、急にキャンセルするヘルパーさんに代わって走るのは母だ。精いっぱいの努力をしているというものの、重度障害者の生活を責任持って支えるという事業所ばかりではない。

「ちなっちゃん。お水もらうよ」

私と同じ痛み止めを口に入れる彼女の背中を、さすってあげたいけれどこらえる。

その代わり、皮肉っぽい口調で言う。

「あーあ。もう年だね。お嬢に頼まれもしないお世話焼いて腰痛か〜。気をつけなきゃ」

「千夏！　コップも蛇口も汚いよ。ヘルパーさんにきちんと伝えなきゃ」

「みなさん、それぞれがんばってくれてるよ。そこは私が気づかなかっただけ」

とむくれ顔をする。内心では、彼女との疑似親子喧嘩《げんか》を楽しんでいる。

「ごめんね。ついつい母的な言動。悪い癖ね」

「いい、いい。あなたには私、きちんとものが言えるもの。母的ではなく、姉的な存在だよ。ご心配いつもありがとね」

私は頭をぺこりとさせたあと、茶葉を探す彼女の横顔を見つめ、疑似親子くらいがちょうどいいのかもしれないと、ふと思う。

自覚しているかどうかは別として、母も子どもを支配しようとする恐ろしい存在なのだ。

「私が死んだら、どうする？」

子どもにこんな質問をするのも母親だ。

これは子どもに恐怖をあたえ、依存心を植えつける言葉の一つだ。親として本来あるべき姿は、子どもの生きる力を育み、どんな逆境でも乗り越えていけると信じることだ。

「誰がいようがいまいが、あなたは生きていける」

一人で人生を歩き始めたら、こう言って、いついつまでも抱きしめていたい我が子をそっと置く。別れに泣き叫びたい思いを、震えながら抑えることが親の最後の務めなのだ。

彼女が拭いて光らせてくれた急須と湯のみに、新茶を入れる。

「人生なんとかなるって」

お茶菓子のおいしさに気がいき、のんきな声を漏らす。またもや彼女の眉が上がる。

「障害者と健常者は違うの！」

「どこが？」

「うちの子、トイレにも一人で行けないじゃん。今夜も私が夕飯食べさせて、お風呂入れてやらんと。今は私もしてやれるからいいんだけどさ」

顔つきが曇る。

彼女にとって、「障害児も健常児も大差ないよ」との言葉は、そう簡単に受け入れられるものではないことは、この身を通して理解する。

それに、「やっぱり、うちの子は他の子とは違う」と心配するのは親の性《さが》だ。しかたがない。でも建前であっても、「違いはあっても同じ命です。互いに助け合って生きましょう」そういう言葉が交わされる社会であってほしい。

偽善と言われるかもしれないが……。

しかし、そんな言葉さえ交わされぬ世の中が続くなら、産み落とした姿かたちによって罪悪感など抱かせぬよう、

「なんでも産み落としただけでいい」

と思えるよう、せめて母親のＤＮＡにつけ加えてほしい。

母に告ぐ

人は皆置かれた環境の中で、折り合いをつけながら、必死に生きている。ぶっちゃけ親も子も自分の命を守るだけで精いっぱい。移動に人手を要する私は、年老いた父母のもとに、時おり顔を見せるのがやっとだ。

勤務五年目の春、ある日のこと、突然、「うーうーうーうー」と子どものように泣きじゃくる母に私は驚いた。こんな母の姿を見るのは、生まれて初めてだ。胸で頭を抱えてやり、頭をなでる。

「ちぃーちゃん、あの時、あの時……ごめんな」

八十歳を過ぎた彼女は唐突に叫びだした。

「あんたは、ずっと憎んでるんやろ」

年をとると、なんの前触れもなく時ならぬ時に衝撃の告白をし、家族の時間がそこで終わることもある。ざわつく心で母の次の言葉を待つ。

「あの時、無視してしまった、知らん子やと言うた時から、ちぃーちゃんは私より父ちゃんのほうが好きなんやろ」

よかった。この程度の地雷なら傷つかずにすみそうだ、と緊張感から解放され、ほのかな安堵《あんど》感さえ覚えた。

確かに、私はお父さん子だった。でも、それは、父が小さい私の手を引き、私が望むところに連れていってくれたからだ。なぜ母はこのタイミングでこんなことを言うんだろうか。のどに刺さっていることを忘れていた魚の骨を取り出すような、少しの痛みを覚悟しながら、聞いてみた。

「ひょっとして、私が二十歳ぐらいの時のことを言ってる？」

記憶とは、きっかけがあったら蘇《よみがえ》る不思議でやっかいなものだ。

あれは確か私が大学三回生の頃。

向こうからやってきた母は、見知らぬ派手な女の人と一緒だった。「母さん」と手を振りながら、駆け寄る私に、母は言った。

「あんた誰？」

私は、それを母のジョークだと疑いもせずに、「えっ、私やん」と抱きつこうとした。すると、「知らんて、この子。ちょっとおかしい」と、汚らわしいものを見るような目つきで数秒私を凝視し、突き放した。

「あの頃、勤めていた店主がものすごく差別しはる人で、障害者が店に入ってきたら、帰らせ！　塩撒《ま》いとけ！　言うねん」

きっとこの時の障害者って、脳性まひ者だったのだろう。

「無理して言わんでええよ」

私は母の背中をさすり続ける。

「あの時一緒やった人は、店主の奥さんで。とっさにあんたのことを知らん言うた。あの店は他のパートよりずっと月給がよかった。当時、父ちゃんが入院してて、あんたもまだ大学に行ってたし、お金が必要で……」

母は泣き崩れた。

「なんで今頃？　ずっと気にしてたん？　もうとっくに時効やで。それにあの時、私は大人になってた」

「すぐ謝ろうと思ってたんやけど、なんか改まって言うタイミングがなかった。でも、これを謝らな死ねへん気がして」

「母さん、死ぬんか」

私はわざと悪そうな笑みを浮かべる。

「もーう、千夏は」

と涙を止める。

かつて母は、「千夏は普通の子。恥ずかしく思うことはなにもない」と言い続けた。

その母は、確かに二十歳になったばかりのあの日、消えた。

が、母はそれまで、ある時は矢面に立ち、ある時は電柱に隠れて、私を守ってきた。

その事実は消えない。加えて、私は一人暮らしを始める二十二歳まで、衣食住に困ったことが一度もなかった。「欲しい」と声に出す前に、父母は手に握らせてくれた。

「あんた、言葉がそんなんや。言いにくいやろと思って」

と、絵本も記念切手も果物もケーキも……服は微妙に曲がった体にうまく添うようにと、母の手作りのものも多かった。

私を育てている間、彼女は気丈だった。でも、時おりヒステリックにものを投げ、感情に任せて手を上げた。食べては、トイレで指をのどに入れ吐く時もあった。それは幼い子どもが見てもわかる、無理を重ね作った虚構の姿が崩れる瞬間だった。

年を重ねるごとに母の顔に似てくる。最近まで、私はそれが嫌でたまらなかった。強くはないのに、強くならざるを得ない顔。が、その面影も彼女の顔からいつの間にか消えていた。老いたのだ。

彼女には障害を持つ私を育て上げた誇りもきっとあっただろう。だからこそ、誇りを売り渡し生きた瞬間をずっと悔やんできた。人は金で買えるものを手にし、その一方で、金で買えないものを欲し、手放したものを後悔しながら生きていく。なにも知らない団地のお嬢様だった私は今、夫が生前に残してくれたマンションで独居障害者になり、このことを痛いほど感じる。

が、正直、私はこの出来事を、母が黙っていてくれたほうが楽だった。こんなふうに謝られると許さなしゃあない。

「そんなこと、いまさら言われても……汚いわー母ちゃん。それに謝っても、あんたはなにも変えないでしょ！」と心の中で叫んだ。

一方母は、「あー、ちぃーちゃんに言うて、すっとした」と子どもが泣きやんだような顔をした。思い起こせば、私は生まれてこの方、母に一度も「好き」と言われたことがない。いや、これも考え方を変えると、だから私は自分を好きにならなければならなかった。そして、私を愛してくれる他人《ひと》に出会えた。「母さんは私を捨てたんじゃない。私を産んで育てた。だから、今の私がある」

彼女を抱きしめ、そう言う。私の思いは、彼女の心に届くはずはないのだが……。

障害をもつお子さんの親御さんにお伝えしたいこと

最後に、障害を持つお子さんの親御さんや、これから出産を迎えるママが安心できるような言葉を、たとえ一つでもお伝えしたい。と思うものの、私はそんな魔法の呪文を持ちあわせていない。

そこで、保育士歴四十五年の古い知人なら！　と思い、十年ぶりに再会し聞いてみた。すると、彼女は顔を曇らせがちに、

「そんな魔法の言葉をかけるのが、私たちの仕事なんだけどなかなかね。保育現場も年々苦しくなって……私も熟年者の経験を求めていますなんて言われて、還暦を過ぎてもパートで保育士しているんだけど、一日一日をやり切るのがやっと。ほんとはね、

今の社会と通じている若い保育士さんのほうが、機敏な対応はできるはずなんよ。でも、彼女たちは、やりがいはあるんだけど将来性を感じないと言って辞めていく。最近は障害のある子もない子も一緒に育ちあう、統合教育の保育園も増えたんだけど、人手が足りないんよ。それに、悲しいかな、子どもたちが出ていく社会はだんだん冷たくなっている。こんな中で、子どもたちみんながみんな、ホップ・ステップ・ジャンプなんてできないよ」

そして、社会は子どもがジャンプ（＝社会適応）できなかった責任を母親に押しつける。その結果、子どもにとって身近な存在である母が、子どもの成長に対して一番プレッシャーを感じ、人によってはモンスター化するっていうわけかー。

だいたい、世の中には、子は母が育てるものだという空気が蔓延《まんえん》しすぎている。だから、母は自分の子どもの少しのつまずきが許せない。つまずきが成長のきっかけになるなんて、決して思えない。他人の子は、なにをしていてもジャンプしているように思うが、我が子は、なにをしていてもズッコケているように感じる。植えつけられた親の性からなかなか逃げられない。

「ちぃーちゃん！　ちぃーちゃんは親に、『こんな体に産みやがって』なんて言ったことないの？」

「ないなー。それ、言うてもしゃーないやん。けど、こないだ息子に、『言うてもしゃーないことを言えるのが、親子のええとこちがうん』って言われて、ハッとした。『おかんは、おばあちゃんに抑圧されて、言いたいことが言えなかっただけやん』って」

そうかもしれない。

で、私は母を傷つけたくなくて、善人のふりをしていたくて、家を出た。そして、未だにお互い世話になることを拒み続けている。

「でも、突然そんなことを、なんで聞くの？」

「今年ね、重度の脳性まひの女の子が卒園するの。ご両親は特別支援校がいいと思っていた。でも、女の子には好きな男の子がいて、『なんで、はる君と同じ学校じゃないの』って言った。なんで歩けないの？ なんでお友達と違う体なの？ 今まで『なんで』って言ったことなんてなかった。でも、初めて『なんで？』って娘に問われて、親としての覚悟を迫られた気がするっておっしゃられて」

「うわっ、私も親に、なんで私だけ幼稚園に行かなくていいのって聞いた。それが健常児の中で育つきっかけだった」

親は子どもの『なんで？』に誠実に向かい合った時、子どもと共に成長するのかもしれない。

「ちぃーちゃん、息子、元気？」

「元気だと思うよ。去年中学校の講師になった」

「そうかー。よかったね。あの子が先生か……。忙しいんやろな。ちぃーちゃんは寂しいやろけどしゃーないわ。私でよかったら。また呼んで」

「うん」

彼女は十年前、息子とうまく向き合えずにいた私を、折に触れて訪ねてくれた。大学を辞めた息子をどうしても許せなかったその頃、彼女はよくこんな話をしてくれた。

「自分で進むべき道をつかみ取ると信じて、今はじっと待とう。きれいごとじゃなく、彼にとって必要な時間なのよ。ちぃーちゃんならできる。親子とはいえ、共に行動し共感し共生することは大変なこと。その大変なことを『親子』ゆえにやってのけている。みんなすごいよー。

私は障害の難聴が遺伝するかもしれない怖さから、っていうか、その怖さに一緒に立ち向かってくれる人との出会いが閉経してからっていうズッコケ話もあって『親子』の経験はない。だから『子ども』と『親』に寄り添う仕事を続けているのかもしれないな。またくるね。私も信じて待ってる。独りじゃないよ」

十年ぶりの再会で、あの時の彼女の言葉が蘇る。

胸ポケットにしまっていた大切なものが、ふいに落ちるように。

シングルマザーになって十二年。

扉に、息子のこぶしの形が残る。床に、私の投げたグラスが削った跡がある。

二度とくり返したくはないが、今となっては、あの頃が懐かしい気さえする。

親は、子どもが困難を乗り越えてくれるといつも信じて待ちながら、先に逝くことしかできないのかもしれない。

column

お鍋でコトコト「優生思想」を煮詰めたら……

夏の日暮れ時、窓辺のソファーで俳優・向井理の写真集をパラパラめくる。「ふむふむ、やっぱりかっこいい！」亡き夫の姿がそれと重なる。お仏壇の写真は若く凛々《りり》しく美しい青年の姿だ。七月は十二回目の祥月命日。四十九歳で生が終わる瞬間、夫はなにを考えたのだろう。夫は最期、ドラマのように、「愛してる」「ありがとう」とは言わなかった。まるで日常の一コマが終わったかのごとく、あっさりとこの世から去った。生きて去った。それだけだ。

生前、彼は教師だった。悩みも苦しみも切なさも味わう仕事だと察する。が、私たち家族は彼の愚痴を聞いたことが一度もなかった。彼は最愛の夫であり、父だったと再確認する。でも、私は死者を責め続けた。今も時おり、「なんで障害者の私を置いていくねん」夫のいないこれからの人生を考えると寂しさと不安と

column

お鍋でコトコト
「優生思想」を煮詰めたら……

恐怖で、この世の悲しみを独りで抱えた気になる。心の中にできた穴は、きっと、これからもふさがらないだろう。が、いつからか、無理に埋めようとせずに開けておこうと、思うようになった。ひょっとしたら、この穴は、この世とあの世をつなぐ糸電話のようなもの。死者の声を聴ける唯一のものだと。で、「死者の声」とはなにか。それはたった一つ。「生きたかった」だ。

この本を書く間、私の念頭にはいつも、十九人の重度障害者が元施設職員に虐殺された「相模原事件」があった。犯人は「障害者は生きていてもしかたがない」と言い放った。あれから三年、植松被告は……社会は……私たちはなにか変わったのだろうか？

かつて、苦しむだけの人生で、生産性もない患者は殺してあげようという考え（一九二〇年には、ドイツ人の精神科医らが、重度精神障害者などの安楽死を提唱した『生きるに値しない命を終わらせる行為の解禁』を出版）のもとに、ドイツでT4作戦という障害者大量虐殺が起きた。八十年前、健常者の一方的な善意[※1]が、人殺しを加速させる凶器の鉈《なた》になった。ちなみにT4とは、作戦本部の所在地、ベルリンの「ティーアガルテン通り4番地」を短縮したものだ。生産性がない人たちには「恵の死」をあたえてあげようとする健常者の善意。この考えが障害者虐殺の引き金となった。

T4作戦は、一九三九年から一九四一年まで続いた。この作戦の終了後も虐殺は続き、およそ二十万人の障害者の命がいとも簡単に奪[※2]われた。優生思想による虐殺は、ユダヤ人虐殺へとつながってゆく。この出来事は、国家による命の線引きに疑問を呈さずにいると、市民の殺害感情がコントロールされてしまうという実例だろう。実際、今もなお、弱者虐殺の歴史はくり返されている。私たちはたえず、命の線引きをしていないか、考えながら生きなくてはならない。そして、命の線引きの背景には、「優れた者をたたえる思想（優生思想）」があることを忘れてはならない。優生思想からは、誰ひとり逃げることができないのだ。

それに気づかないまま、お鍋でじっくりコトコト、長い時間をかけ社会全体で優生思想を煮詰めたら……。生きるに値しないと判断された人たちが、ぐつぐつと煮えたぎったその鍋に放り込まれる。優れた者とそうでない者との境目は、いくらでも作ることができる。私だけでなく、あなただって、いつ生きるに値しな

いと判断されるかわからないのに、私たちは常に他人事《ひとごと》だ。私の中にも優生思想はある。労働時間も介護を受けている時間も合理的という言葉に縛られている。動きづらい分、いかに最短で最良な結果が出るかを考える。生産性からほど遠い存在であればあるほど、自分の中の優生思想とじっくり向き合わざるを得ない。この理不尽さを抱えて、私はこれからも生きる。コトコトと笑いながら。

あなたにはこの笑い声、どう聞こえるだろうか？

※1　T4作戦には、優生思想のほかにも、医師が研究材料を得るためという目的があったといわれている。（参考：『精神医学とナチズム』小俣和一郎、講談社現代新書）

※2　T4作戦の犠牲者数には、27万人、40から50万人など、さまざまな説がある。作戦期間中（1939から1941年まで）の施設内での犠牲者数は7万273人とされているが、作戦終了後も地方自治体などで虐殺は続いたといわれ、犠牲者数は20万をこえると考えられている。

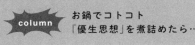

5

そして SHOGAIは続く……

人は一人一人違う。違うからこそおもろいんやでーと言いたいところだが、なかなかね。

脳性まひという脱ぐに脱げない着ぐるみは、あちこち、ほころびが出る。遅まきながら痛くない体作りをしようと「健常者の体」に興味津々。知人と焼肉屋さんに行った時も店員さんをじっと見ていたようで、「ガン見しないよ！」と言われる。

「いやー三つもコップを持ってテーブル拭くって凄技《すごわざ》じゃん。私はものを持ったら動けないからさ」

「そこは学ばなきゃね。福本さん布団と共に転倒したんだし……」

あっははと笑いながら肉を焼き、食べよいサイズに切ってくれる。

「首振らないよ。ワイルドな食べ方はいらない。それじゃ首も手も肩も痛いはずだ」

「だって……」

「だってなに？　脳性まひなんだもんってですか？」

彼は、着ぐるみなんて脱ごうと思えば脱げる！　と、ともすれば言いかねない。

医療人としていろいろな患者さんと関わってきた彼の言葉を真に受けて、朝起きたら㊫印の着ぐるみが転がっていたら？

5　そしてSHOGAIは続く……

やばいやばい。それは私の死体！　まあいつか屍《しかばね》になるんだけどさ。それまでは口が開く時ぐらい食べたいものを食べようかねぇ。ぼーっとこんなことを考えていると「早く食べて。肉冷めますよ」と促され、「ううん」とうなずくと「なに。う、ウンチ？・」とくる。がはははは━。

五十歳からの社会人デビューで知ったこと。みんな、がははははと心の底から笑える相手にばかり出会っているわけではないこと。相手を理解しようとか相手に理解してほしいとか思っても叶《かな》わぬ時もあること。そして誰もがそんな中で歯を食いしばり生きているっていうこと。

みんな、多かれ少なかれ、生きる「しんどさ」を抱えてるんよね。

「お年寄りに席を譲ってあげないあの人だって内部疾患抱えてるかもしれないし」と帰りの電車の中でも想像する。

「ほらまた、ガン見」と小声が飛ぶ。いいの！　いつも理解不能な存在としてじろーと見られてんだもの。時おり、「きもー」の声援までいただいちゃうんだから。健常者（っぽい人）をガン見するのもたまにはあり。

それにしても、人間って自分以外の人を理解するには、多くの想像とたくさんの経験と数知れない会話が必要だ。「百聞は一見にしかず」という言葉も人間、特に障害者には当てはまらない。

最近出会った友人、與那嶺司《よなみねつかさ》先生の言葉を借りると、

「『他者を（完全に）理解できる』という感覚は、互いにまったく同じ人にならんと無理やからね。別の言い方をすると、それができるのはロボット同士の話やし。それはもはや人間じゃない。反対に、溝があるから、互いを一生懸命理解しようとする姿勢が生まれる。溝が互いを『つなげる』と言えなくもない。ただ、もちろん、他人との溝はやっぱり深いより浅いほうがいい。いい『塩梅』の溝が、いい。溝がすごーく深いと、いざという時に助け合えないからね。隣で人が死んででもなんとも思わなくなる。そんなことを考えると、障害者と健常者の溝の意味について考えるのは、人間の生き方を考える入口になるかもしれない。なんてね、かっこつけてみました」

いやいや、さすが学者先生のお言葉です。

「人と出会って違和感や心に溝を感じるのは、むしろ自然なこと。それぞれが、それぞれの個性を持った人間だから。ただ、少なくない健常者は、特に障害者に対して、

5  そしてＳＨＯＧＡＩは続く……

あたかも溝が『ない』ように見せる。溝のないことが『優しさ』だと思い込んでいることに疑問すら感じないのかもしれない」と言葉が続く。はい、健常者にとっての「よかれ」が障害者にしたら、善意という名の優しい虐待と思うこともあります。

もちろん、私だって傷つくことばかりではなく、意図的ではないにせよ、誰かを傷つけることもある。

生きるってハラハラ・ドキドキ。

どこで誰と何をしていても、溝を感じる時は誰にでもある。夫婦でも、友人でもだ。まして他人が集まる場所「職場」では、互いに気を使い言葉を重々選び関わり合う。時には自分が吐いたひとことで大きな墓穴を掘ることもある。それでも、互いに努力して歩み寄っていかなくっちゃいけない。

わかっているんだけど、これ以上はもう無理かもしれない。

職場にいるのも辞めるのも、結局は自分で決めるしかない。そして、私は夏のエアコンが入る前、心も体も壊してしまう手前で決断をくだすことにした。

失敗のない人生はおもんない！

秋風吹き始める頃、久しぶりに帰ってきた息子に、たまには一緒に買い物に行こうとご提案。けんもほろろに「しんどいから無理！」と言われる。

玄関で立ったままの押し問答があかんかった。体重をやっと支えていた体が、怒った瞬間、バランスを崩しパタン！　なにかにつまずく、なにかで滑ったわけではない。まるで見えない誰かに技をかけられたように、私は突然右頰《みぎほほ》から倒れた。

目の前の母に息子はリアクションなし。

私は「あんたが買い物にすっと付き合ってたらこんなことには」と顔面を押さえて「痛い」と泣きわめく。

「おかん。おっ、俺、なんにもしてへんで。一ミリたりとも触れてない。あーあーどこ打っててん。なにしてほしいん。とりあえず冷やすか」

と、まるで子ども扱い。

ばつが悪いのと痛いのと腹が立つのと……。

5  そしてＳＨＯＧＡＩは続く……

「なに、馬鹿にしとん？　だいたいな、あんたは冷たいねん……。私一人で買い物にも行かれへん……」

と日頃の不平不満をぶちまける。自分でも自分が手に負えなくなってるやん。あーあー。息子の前でだけ、なんでこんなお顔が出てくるんだろう？　心の底で声がする。甘えたい……。

「とりあえず、落ち着こう。下で冷えピタ買ってくる」と私をベッドに座らせる。

鼻血ぽたぽたなんて何年ぶりだろうか。

やっちまったぜ。次に息子が帰って来るのは正月かな？　と我に返る私。その頬に息子は冷えピタを貼る。

「にいちゃん」

「わかっとるよ。寂しいんやろ。でも、おかんが選んだんやんな。仕事辞めることも、書いて生きることも！」

私はなにも言えない。息子は諭すような口調で

「こっちはこっちでなかなか大変なんよ。どこにでも行けるってお前言うけど、それはあっちにもこっちにも行かされることやねん。いつも誰かといっしょっていうけど、

それはいつも誰かに気を遣ってるっていうことやねん。俺かて日々すり減っててへろへろやねんで。こないだぶっ倒れたの知ってるやろ。そっちはそっちで違う大変さもあるやろけど、俺から見たら、正直羨ましいと思うで。おかんはこれから楽しむだけ楽しんだらええねん。ご縁があったらまた働くのもあり」

「でも、独りじゃー」

と涙ぐむ。

「そこは。まあしゃーないわ。一人で楽しめること。たとえば犬を飼うとか楽器を始めるとか」

「だって動くのが怖いんやもん」

と口をとがらす。最近は家の中で転び、しょっちゅう青あざを作っている。

「おかんの後ろ姿を見て、なんか憑《つ》いてきたんちゃう?」

「もーう、怖いこと言わんとって」

と生まれて初めて玄関に盛り塩をした。

だけど、歩かなければ転ばない。立たなければひっくり返ることはない。

そういえば、小さい頃は毎日のように転んでたな。

5  そしてＳＨＯＧＡＩは続く……

仕事を始めた頃も、毎回失敗してた。私はかな入力なので、キーボードを打つ時に「ゆめ」風基金を「やめ」風基金、「ゆる」風基金なんて打ち間違えてた。ブログ更新も一部分ダブったりもしたよな。書類を作り間違えたり、はさみで違うところを切ったり、なんだか失敗することが新鮮だった。それと同時に失敗はステップアップ。健常者は失敗して生きているんだって気がついた。

社会人経験が私より四十年長い友人の顔が浮かぶ。

「働くことを辞めるっていうのは、あんたを怒ってくれる人がいなくなること。私はそれが気になるけど、まっ、自分で決めたことやしな」

この言葉の真意が今、「あっ、こういうことやってんな」と退職後二か月にして初めて心に届く。

落ち着きを取り戻す私に「おかんは、失敗のない人生を歩んできただけやん」と息子はつぶやくように言う。

「へっ？」

「仕事辞めて後悔してんの？」

「うっ、うん、ちょっとだけ」

「それって仕事してなかったらできない後悔やん。幸せやん」

幸せな後悔？

「それに、俺を冷たい言うけど……優しさという名の虐待よりはましやろ。おかん、ここからは自由に生き。動けん言うてるまに人生終わるで。失敗のない人生はおもんない！　預貯金も早いこと全部使え。旅立てー」

私、子育てだけは失敗じゃなかった気がするな。子離れは失敗しながら練習ということでご勘弁願おう。

旅に出るかー。

「もしもし、照ちゃん」

長いお付き合い・人生のマネージャーに電話をする。

リアル障害者VSリアル中学生

ゆめ風基金で、入職当初から関わっていたイベントの一つに、中学校に出向き中学生と避難訓練をする「いのちと防災を考えるゆめ風中学生プロジェクト」があった。学校との打ち合わせや障害者講師の派遣は、私が理事をさせてもらっている「おおさか行動する障害者応援センター」がおこなっている。大阪盲ろう者友の会「手と手とハウス」さんにも毎年ご協力いただいている。子どもたちとの出会いは「障害者と健常者の溝」を埋めるたくさんのヒントになる。退職後も、時間と体力が許す範囲で、この活動には参加させてもらっている。

中学生は恐れ知らず。失敗するからすごい力を出す！

初めて中学校に招かれた時、生徒さんに靴箱で出会い頭、

「うわっ、リアル障害者！」

と驚かれた。私は、うわっ、これが今時のリアル中学生？　と逆に驚いたが、あの頃はとっさに切り返す大きな声が出せた。

「バーチャルと違うでー。ホラー映画の貞子とも違う、ちなつやでー」

生徒は一瞬きょとんとして、はにかむように笑った。十四歳の彼と心が交わせた気がした。

事前学習では、自己紹介をかねて障害者としての生きざま（なんて私にはないのだけど）、加えて避難訓練の注意事項や障害に合わせた介助方法を話す。教室に入った瞬間のあの緊張感は、ずっと変わらない。言語障害のある私は、カンペやプラカード、板書、ジェスチャーを交えての授業。年々伝言ゲームのようになっていくが、先生や生徒さんの笑顔や驚きをヒントに異文化コミュニケーションを楽しんでいる。

私がマスクをして、中学校を訪問した時のこと。教室に入った瞬間、思い立った。そして黒板に大きく書いた。

一、風邪　二、ギョウザ　三、感染

「はい。みなさん、はじめまして！　突然ですがクイズです。今日、私がマスクをしている理由は？」

持ち時間は二十分なので、一瞬で教壇に集中させたい。マスクを右手に持ち、頭の上で振った。

「はい、マスクはなんで？　三択！　風邪だからマスクをしていると思う人、手を挙げてください」

手振り身振りも加えて必死で呼びかける。

5  そしてＳＨＯＧＡＩは続く……

「風邪かな～」

と言いながら大半の生徒の手が挙がる。

「はい、昨日私はギョウザを食べてにおうからだと思う人は？」

これには笑いながら、「はい」と二人の手が挙がる。

「では最後。えー、私の障害が空気感染するからだと思う人は？」

なに食わぬ顔で聞いてみると、その答えを選んだ生徒さんが一人いた。

この時の訪問は福島原発事故のあとで、空気感染と言われていじめられている子がいると、他校の先生から聞いたばかりだった。後ろで見守っていた先生が心配そうな顔をする。

「すっ、すごい！　あなたはみんなの前でたった一人の自分の意見が言える。でも、正解は二番のギョウザでした。おばさんの障害は脳性まひという名前がついていて、空気感染はいたしません。安心してください」

「ギョウザやったんや！」

その生徒は驚く。

「そうそう、人の話は聞いてみないとわからんもんでしょ。だから……」

避難訓練時の注意事項へと話を移す。

「以上に注意して、避難してくださいね。で、勇気あるあなた、いつかおばさんと握手をしていただけたらうれしいです」

と授業を終えた。すると、

「いつ握手してくれるんですかって言うてはる」

微妙にニュアンスが違う女の子の通訳が入る。

「そっ、そんなこと言ってないよ。大人になって機会があればの話です」

私は戸惑い、教室を出ようとした。

そこに、「感染」に手を挙げた子が私の前に立ち、照れくさそうに手を出してくれている。

「うわ!!!」

私のほうがビビッてしまったが、恐る恐る曲がった左手の人差し指一本だけを出す。彼はそれを両手でしっかり握ってくれた。子どもの心は広く、頭は柔らかい。この人差し指一本の握手体験が、私を毎年「中学生プロジェクト」の教壇に立たせていたのかもしれない。

5  そしてSHOGAIは続く……

夫が教壇を最期の生き場所にした理由も、息子が教師としてがんばっている姿も想像できる。とはいうものの、リアル中学生との出会いは落ち込むこともあった。教室では良い子を演じているが、教師の目がない廊下で私を真似る子に出会うことも。

「君、ええ根性やん」

そう言う私に気づいてもなお、五人ほどの生徒の前で、さらに首を振り、顔をゆがめて真似る。

彼の勘違いした英雄の瞳が輝いた瞬間、私は大人の誓いを立てた。売られた喧嘩《けんか》はきっちりと買おう。もしこれでこの場を去るのなら、私は今日ここにきた意味はない。

全校生徒が集まる体育館に到着後、彼の姿を探し出し、

「君にお願いがあります。私のものまねのうまさ。すばらしい！　みんなの前でもう一度さっきみたいに真似してください」

車いすに座ったまま、足こぎで詰め寄り、逃げる彼を体育館半周ほど追い回した。

「なにかあったんですか」

教師が飛んできた。

「彼に聞いてください」

黙ったままの彼の顔を私は覚えている。

六年前、私もまだ元気だった。時が経ち、彼は去年成人したはずだ。一度しか会わないよそ様の子どもと「障害者と健常者の溝」を一緒に渡る元気が、私の中にまだ残っているだろうか？

脳性まひ者だって心が風邪をひく

勤務六年を過ぎたあたりから、私は無理やりがんばる自分に気づいていた。気力で体力をカバーできるお年頃ではなくなっていた。これを「加齢による障害の悪化」とか「脳性まひの二次障害」という人もいる。が、それは、無理しない環境に心身を戻してみてからの仮説。

私はとっさに声が出せない。職場では思いや真意を言葉にできないまま、別の話題に変わることも多かった。

毎日の勤務ではなかったので、議論の末に決まったことが、いつの間にか覆っていたこともあった。結局、ここもお声の大きい方の言うことが通るんじゃん。話すのが虚《むな》しくなった。

それに、世の中、言葉一つがいざこざも嫌悪感も招く。話すのが怖くなった。

私、透明人間になりたい。まあ、働いていればストレスもたまるわけよね。

「おかん、酒もたばこもしないもんな。ストレス発散言うてもやろ」

息子がぼそっと言った。

でも、社会に出て知った。言語障害がなくても、声が出せずつらい思いをしている者は数多くいる。

溝だらけの社会なのだ。

知らぬ間に心が傷つき、たえず緊張状態になり、体に痛みというダメージをあたえる。痛み止めを飲み、その副作用で吐く。そんな悪循環をくり返した。それでも、最初はストレスが痛みとなって体に現れたことに気づけなかった。

いつもの循環器内科を受診すると
「えっ、薬の量が増えた？　食べられへん？　君痩せたね。薬かえてみるか？　でも、うちはこれ以上、薬の工夫もできへん。緊張はストレスもあるんとちゃうか？　心療内科にトライしてみるか？　心だって風邪ひくこともあるしな」

と懇意にしているドクターを紹介してくれた。

「夏の冷房が入る前にこれではあかんなー。今仕事もあまりないし、職場からぼちぼち……」

と息子に話す。退職の二文字が頭をよぎっていた。

「おかんの好きにしい。とりあえずその病院行ったら？　ちょっとでも吐きだせたら、なにが原因かもわかると思うで。あっ、俺か？」

「そうかも！　あははは」

わかりにくいから、わかりあえたらうれしい

私は子どもが得意ではない。車いすとベビーカーは同じ高さ。エレベーターで幼児と目が合う。「お願いだから私に怖がって泣かんとって」と思う。

ゆめ風在職中は年一度おこなわれるご近所の小学生との防災イベントもドキドキ

だった。が、六年も踏ん張れたのは、子どもたちの声援が大きかった気がする。「もう、あかん」と思う時に限って「ちなっちゃん、ばいばい」と帰り道、手を振ってくれる。

「僕。脳性まひでなにもできんやんって思う時もあってん。でも、それはちがうんやね」と授業中、急に泣きだした子の、数年後の中学の制服姿。きっと私は一生忘れない。

　そんな私を知ってか二〇一九年冬、ゆめ風基金を応援していただいている方を介して、島根の学校での講演依頼が来た。中学生と避難訓練をしてきたことや障害者の暮らしぶりを子どもたちに話してほしいとのこと。私でよければ伺いますと承諾した。山沿いの小中あわせて約一〇〇人の子どもたちとの対面が待っている。そう思うと、この冬の職場もがんばって乗り切れそうに思えた。

　さてさて、おそらく脳性まひ者にまだ出会ったことがない小中学生に、どうやって私の特徴を伝えるか？　わくわく、レジュメを書く私の横で、

「その前に一人でどうやってその学校まで行くの？　おかゆ食べて痛み止めかじってるのにそんな遠方の講演受けて……」

と私以上に私を知る照ちゃんが、能天気な私に代わって頭を痛める。

「だって話をいただいた時は元気だったんだもん、照ちゃんついてきて……は無理か？」

「無理に決まってるでしょ。その日程表見せてみい」

と学校からの講演行き帰りの予定を見る。照ちゃんは地図を見ながら電話で講演依頼者と話す。スマホで電車の時刻表や駅の構内図を出し、時間と集合場所の変更の話を進める。その後、私と旅行代理店に出向く。移動手段と宿泊先を決める。宿には旅行代理店を介して、刻み食や翌朝の駅までの送りが可能かどうか聞く。荷物は出発前に送る。さあ！　当日、チケットだけを持ち新幹線に乗る。

一日目は自費で温泉宿に泊まり、少し贅沢《ぜいたく》な夕食でエネルギーチャージ。次の日は子どもたちが待つ学校へ行く。

子どもたちに伝えたいことは、三つの原稿にしたためていった。「あまのじゃくさん」「もしも、ゾンビと出会ったら」「『助けて』が言えたら、『助けて』の声が聞こえる」。障害者や人権という言葉は極力使わなかった。使わずにきちんと伝えたいと思った。

講演が終わると、子どもたちからはいろいろな意見が出た。

子どもたちは「障害者って大変そう。だけど怖くないことを知った」「福本さんの話は、僕は聞き取れていて、もっと話したかった」「明るい」「違うけど同じ人」などのメッセージをくれた。中でも「障害者のイメージは悪かった。でも今日からは良くなった」という言葉に私の心はコトって笑った。

肩の荷がおりた。

初めての心療内科

広々とした待合室のソファーは人で埋め尽くされていた。

元気そうに見えるのに、どうしてこんなにたくさんの人がここにいるのだろう。内科だったら、顔色が悪かったり、咳《せき》をしていたり、なんとなく「おつらいのかな」と察するのだけど。

まあ、脳性まひの私がここにいるっていうことも、隣に座る元気なふうに見える人にとったら「？」なんだろうな。あー、この方にとっても生まれて初めて見る風景なんだ。そこはおんなじだって思ったら、なぜだか落ち着いた。

問診票に目を通したあと、成育歴から今の状況まで小一時間の面談。

「どうやら、ある場面になると緊張して全身が痛くなるようですね。それは、脳性まひが原因ではないですよ。まずはその場面を回避して一度リラックスできる環境で生活することです。職場は休める環境ですか？」

と、このドクターからは休職をすすめられた。脳性まひの体はあまのじゃくで、ずっと付き合ってきたけど、今回の首の激痛からはなんとか逃れたい。そういえば、島根の子どもたちには、脳性まひについてこんなふうに説明をしたな。

あまのじゃくさん

こんにちは。おばちゃんは、生まれた時から、脳性まひという病気です。えっ、脳がまひしてる？　まあ、そうなんです。正直、とてもやっかいで困っています。

みなさんは、「あまのじゃく」という言葉を知っていますか？　人の言うことに逆らい素直でないことです。おばちゃんの頭の中にはどうやらあまのじゃくな大きな虫がいるようです。

自分が体の力を抜きたいと思えば思うほど体に力が入ってしまう。体と心と頭が二十四時間バラバラに動いてしまう。きっと、みなさんには想像できないと思います。

だいたい、病気というのは、自分ではどうすることもできない。みなさんもばいきんで病気になったり転んでけがをしたりしますよね。でも、たいがい治ってしまいます。

脳性まひは治りません。頭にあまのじゃくな虫が住み着いて、あちこち体に力を入れて、手足を動きにくくします。

顔やのどやあごにダメージをあたえて、声を出しにくくします。苦手な人や慣れない場面では体がますますかたまり、息をするのも大変になります。あっ、寒さは天敵です。そんなこんなで、おばちゃんは声をなくしつつあります。話すことが年々大変になります。

口からものを食べるのもしんどい時があります。最近は便利で食べやすいものもたくさんあります。噛《か》まなくても、のどにすっと通るスムージーが好きです。なので、食べなくても、太ってきました。えっへへ。

話せなくなっても、言葉や意思まで失くしてしまわないように、最期までがんばって生きようと思います。自分のあまのじゃくな大きな虫もなるべく嫌わずに面白がりたいと思っています。

私、生きる気満々のこと言うてるやん。

確かに「真の生産性は、多様性を認めあうことから始まる」なんていう素敵な言葉も出始めた。「よりよい職場は、みんなで協力して補いあって作るもの」という、重度障害者を雇い入れる企業も一部出てきた。だが、まだまだ道半ば。現実は厳しい。

うーん。

ある日突然、職場に重度障害者がやってきたら、障害者と初めて出会う健常者は、人によって違うけれど、ゾンビが来たかのような混乱があるかもね。

でも、互いに知らないがゆえ、逆に急接近できて、うまく打ち解けたりしてね。

こんなことも島根で言ったよ。

もしも、ゾンビと出会ったら

おばちゃんは今とても緊張しています。

きっとみなさんも緊張しているんだろうな。知らない人と関わるって怖いし緊張するよねー。自分たちと違う人は、やっぱりちょっと緊張しちゃうよね。自分となにが違うかがわからないのが怖いから。

でも、今日は少しだけ勇気を出して、どんどん話しかけてもらえたら、とてもうれしいです。全然違うように見えるけど、実は、おばちゃんとみんなは同じところもある気がするの。

ドッチボールが好きな人？　こう見えておばちゃんは好きだったよ。

給食が嫌いな人？　おばちゃんはこそっと隣の子のお皿に入れていました。

好きな子がいる人？　手をあげてー。おばちゃんは、毎日好きな子を見に学校に行っていました。

さすがに手はあがらんねー。

でも、ほら。同じところはあったし。少しは安心してきたかな。

世の中にはいろんな人がいます。ものすごーく大きな人や小さい人。肌が黒い人白い人。ここで質問です。

車いすに乗っている人をガン見しちゃいけないって思っている人は？　手をあげてくださいな。これもあげにくいですよね。

でも、今日はじっと見てくださいね。見ないとわからないもんね。

おばちゃんの歩き方はみんなと違うもの。話し方も違うもの。

あっ、今テレビで「ゾンビが来たから人生見つめ直した件」という番組があって「ゾンビの動きは私みたいだわー」って、「ひょっとして私、参考にされちゃった？」って思うもの。そのくらい、おばちゃんは不思議な動きでしょ。

大人はね、なんだかね、気を遣ってくれて、見て見ぬふりをしたり、微妙な笑顔をくれたりします。こんな時なんだか気持ちがくすぐったいです。

まあ、「ゾンビだー」って逃げられるほうがショックな感じですが。

街にゾンビが出ても、ゾンビが本当はなにに困っているかはみんな聞いてあげないだろうと思います。私は聞けるかな？　ものすごーくがんばって、聞ける人になりたいと思っていますが、ビビッてしまうだろうな。

じろじろ見てよく聞いてあげればいいのかなと思ってますが、おばちゃんは怖がりなんで自信がありません。みなさんはどうですか？


結局心療内科からいただいた薬も合わず、数日後。

就労支援を受けるのに必要な、医学的見地からの意見書を書いてくれたドクターに相談しに出向いた。この先生とは二十年くらいのお付き合いだ。

「その節はお世話になりました。でも、働くのもだんだん厳しくなりつつあって。心療内科からは、不安障害により休職を要す、なんていう診断が出たんですが、急な人手もない。幸い販売業務も少ない時期なので、今は週一で勤務させてもらっています。休職を求める勇気もなくて……」

「確かにね。福本さんを含め、障害者が働くってまだまだ並大抵のことじゃないと。大きなところなら、定期的な面談や異動とか部署転換とかある。人間関係や体力的に行き詰まっても対応してもらえる。でも、小さいところだと信頼できる、あるいはなんとなく安心できる人がいなくなると途端に厳しくなるよねー。それに職場って大きな声で自分の空気を瞬時に作れた人が勝ちみたいな……大変やと思うわ」

「はい……」

もっと助けてと言えればよかったんだけど。

うわっ、島根の子どもたちに話したことがそのまま自分の心に跳ね返ってくる。

「助けて」が言えたら、「助けて」の声が聞こえる

地震や水害、病気や事故、なにがあるかわからない毎日。

特別、意識なんてしないだろうけど、みんな、助かっている命です。

だから、どうか自分を大事にしてください。

おばちゃんの仕事の一つに「中学生プロジェクト」っていうのがあります。

昼間、災害が起きたら……地域にいるのって中学生でしょ！　中学校がその地域の避難所になる場合も多い。なにかあっても、逃げにくい人はいる。そこで、中学生に、お年寄りや歩けない人、目や耳が不自由な人と避難訓練してもらおう

と、大阪府内の中学校で中学生と障害者がタッグを組んだ。

もちろん互いに初対面だし、一緒に行動するんだから楽しいこともある。嫌な思いをすることもある。でも、それは、お互い人間なんだからしかたがないと思います。これまで大きな事故もなく、大ゲンカすることもなく続けてこられた。やっぱり「中学生ってすごいんだ」って。

いろいろなおじさんやおばさん、中学生、それぞれの生きてきた知恵や工夫を聞き合うことはとても大事だって私は教えてもらっています。

知らない人と初めてのことをする。心に小さなかすり傷を負うくらいの失敗はまあ、どんまい。怖がらずに心の「?」を出してみてください。小さな失敗もたくさんしてください。それが「へー!」って発見できることになるって思うから。

おばちゃんも、いろいろな人にさまざまな場面で助けられて、今日はみんなに会いに来ることができました。

旅行会社のお姉さんにはとてもお世話になりました。

電車の乗り換えでは隣に座っていた人の手を借りました。旅館の人もとても親切にしてくれました。駅からここまでは校長先生が迎えに来てくれました。

大阪で体調が悪かったのに、みんなに会って元気になりました。ありがとうございます。

あっ、おばちゃんには、のっぽな息子が一人います。中学校の先生をしています。でも、おばちゃんは、息子の生まれた時からのあれやこれやを知っています。学校に行き、授業を見たこともない。ほんとに先生をしているのかなと時々思ってしまいます（笑）。

そんな息子に「もし災害にあった生徒さんがいて、なにか言えるとしたら」と聞いてみました。

「今は生きてるだけでいい。僕でよかったら、いつでもそばにいる」と答えました。なんだか、おばちゃんはとってもほっとしました。きっと、ここにいる先生もこうおっしゃってくれると思います。「僕がいる。大丈夫」って。

そんなことはわかっていても、大人を信じるって難しい時もありますよね。私もです。それでも、なにかあったら、やっぱり「助けてー」っていうことが大事なんですね。危ない目にあったら、「助けてー」っていうこと。

それが、他の人の「助けてー」の声に耳を傾けられる人になるって、おばちゃんは、思います。

息子に年が近い育児休暇中の同僚さんとは、よく言葉を交わしたなー。職場から外出する際にも、車いすを押してくれた。パソコン作業もうまく教えてくれた。なかなか覚えられず苦闘するだけの私に言葉はかけないが、聞けば丁寧に答えてくれた。私が取り組める仕事を一緒に考え、その仕事を進めていくための議論もした。「助けて」が言える、言葉を交わしやすい上司や同僚の存在は大きかった。

人間関係の溝はいろいろな人がいるほうが埋まりやすくなる。そんなふうに私は思う。

「仕事をしていたら、入ってもらえるヘルパーさんも時間も限られるだろうし、かなり無理してたと思うよ。ちぃーちゃんいくつだっけ？」とドクターは椅子の上で伸びをする。

「えっ！　ちぃーちゃん五十七歳？　夫さん見送って十二年かー。そういえばあの頃もえらい体痛がってなかった？　ちびちゃんも先生になったことやし、もうええんと違う？　学費もすんで自分の食費と医療費くらいなんとかなるでしょ。これからは、働くことを『社会に提案する・経験を伝えること』と考えればいいのよ。それも社会貢献だと私は思うけどな」

お盆前に顔を出してくれた鍼灸師《しんきゅうし》には事後報告。

「福本なに辞めてんの？　まっ、会社も胸をなでおろしてるんじゃ」

「でしょ。退職後はなに言われてるんだか。怖くて行けやしない」

「そうやって笑えてるんだから、きっと大丈夫！　心療内科では体が痛みを記憶する、なんて言われたでしょ。でも、福本はすぐ忘れる」

そっ、そうね。

障害者とか健常者とか、ほんまは区別ないけど、でも実際にはまだまだ大きな溝がある。

この溝、どうしたらいいんかな。子どもたちならなんて言うかなって思いを巡らせる。

なになに？　足元の溝は見ない？　あっはは、二人でずっとにらめっこしてんの？

5  そしてＳＨＯＧＡＩは続く……

楽しめたらそれもいいね。

溝を川にしてめだかを飼う？　いいね。

手を取り合い渡る。まあ一緒に倒れないようにしなくっちゃ。

溝を渡る人に声援を送る。じっと待つ？　えっ？　ぽんと背中を押しちゃえ？

おっとと。

土やコンクリートで溝を埋める？　環境を変えるのも大事だ。一緒に埋めよう！

まあ、溝の前で困る人が「助けて」と言えれば少しは変わるのかもしれない。でも、人間そんな勇気と元気がある時ばかりじゃない。そんな時はどうしよう。あーあとあきらめて、他の道を選ぶ？　それもいい。

だって、それは、生きることからも自分からも孤独からも逃げなかった証《あかし》だから。

道は続く。溝はある。だけど手を差し伸べてくれる人はきっといる。

SHOGAI MUST GO ON!　生涯は続く。

おわりに

「おかん、合格したわ。長い間苦労かけたな。感謝してるで。ありがとう」

今秋（二〇一九年）教員採用試験結果発表の日、三十路の息子は言った。この一言で私は「すべてが報われた」ってポロポロと涙を流した。親なんてちょろいもん（？）ですよ。それにしても、十二年前夫に先立たれ流した涙が、こんなに嬉しい涙に変わるなんてね。人生進み続けなきゃわからないもんです。

「いろいろあったけど、人生無駄な事なんて何もないんねー」と言葉を続ける息子に私は深く頷く。まったく親子そろってゆるーいですかねぇ。

再入学した息子の大学の学費のために、意を決して働くことに挑んだ私。だから、勤めだした頃、パチンコを打つ息子の姿が窓越しに目に飛び込んできた時は、卒倒しかけた。合格は年下の優秀なお友達や恩師や同僚のおかげ。未熟なあんたを「先生」と慕ってくれる生徒さんと過ごす時間の合間に勉学に励んだ？　その姿、母はちと想像しづらいわ。まあ、五十歳から七年にわたるＯＬ生活も無駄ではなかったってわけね（職場には感謝です）。

最後までこの御本をお読み頂いたあなたはご存知ですよね。私は普通（？）のおばさん。加えて脳性まひゅぇの体の痛みはとれず、歩行も年々厳しくなってきている。イケメンの再婚相手になんて出会えず、宝くじに当たる秘訣を掴めるはずもない。家族が増えて、幸せに食卓を囲んでいるわけでもない。サミシイおひとり様ってことを。

これは人生の成功バイブルではないことを。

「なんや、ふんだりけったりのおばちゃんの愚痴か？」ってこの「おわりに」のページを最初に読んで思ったあなた。ちょっと待って！　確かにこの本、最初は「障害者が全身全霊をかけて社会に自分の思いをぶつけてみる」みたいな構成でした。

この時私は、ＮＰＯ団体の非常勤職員四年目。職場での人間関係、親子関係、ヘルパーさんとの微妙な関係。充実感と同じ分だけのストレスがあった。

でも、お腹におさめているこんなこと・あんなことなんて言うたら、私「ほんまに、ひとりぼっち」になるやん。それに、健常者のみなさんにうまく伝わるのかな？　怒られやしないかな？　と不安でした。

そんなフリーズしがちな私を置いて、時代は常に前に進む。日々変わる出来事の中、使えない原稿も出てくる。そのたびに書き直し自分を見つめ直す。その中で、私は気づくのだ。

「もちろん障害ゆえの苦しみはある。けど、みんな、何かしら生きるしんどさを抱えている。それは、障害者とか健常者とか関係ない。だから、みんなが自分を知り自分を受け入れ、努力し続けることを一つ決めやり切る。それを認め合える社会にせなあかん。私も！」

心の扉が一つ、また一つ開いた。


時間に置いてきぼりになりかけると、イースト・プレス社の編集者である黒田さんは、手をとり私の歩みを進めた。

「福本さんの仰ることはわかります。障害者への偏見や差別は確かにあります。障害者と健常者の溝はある。ですが、福本さん！　持ち前の明るさとユーモアで、優しく楽しく健常者の思いも想像して書いて頂けたら…。きっとそれは溝を埋めるたくさんのヒントになります」

娘のような年の彼女に、私は常に成長を求められた。平成から令和に移る中、彼女と一年越えの編集作業を繰り返した。

互いの思いを想像したり推し測ったりしながらの二人三脚の日々。編集者黒田さんとの出会いは人生の宝。なによりの財産となった。最後の日、彼女は問うた。

「福本さん、発語が厳しくなっていくから、やはり自分の言葉を残しておきたいんですか？」

私は首を横に振る。

「私、ほんまに普通のおばさんなんよ。ただ夫を見送った後、自分を救えるのは書くことだけって思った。今もそう。私は書いて進むだけ。そして、本は書き手と読み手が一対一で出会える唯一のツール」

「福本さんの勇気ある一歩が、読者の思いにつながる。障害者の見方も変わるって信じてます。私がそうでしたから」

とにっこりする。

「私も世の中の見え方が少し変わった」

ひとりぼっちにもならなかった。

「障害マストゴーオン」はイラストレーターの死後くん、デザイン事務所のアルビレオさん、校正者の荒井さん、営業担当者さん、書店さん、私が想像及ばぬいろいろな方によって、素敵な形にしてお届けすることができました。インターネット媒体のＣａｋｅｓでの連載もしていただけました。

深く感謝いたします。本当にありがとうございました。

チーム「障害マストゴーオン」の思いはひとつ。

「みんなで今日を生き抜き、みんなで幸せな明日を迎える。その手助けがしたい。心の溝を知りつつも……」

本書は、cakesでの連載「障害マストゴーオン！」をもとに、加筆・修正をし、構成しました。

福本千夏
FUKUMOTO
CHINATSU

1962年生まれ。動物界ヒト科、脳性まひアテトーゼ型。寝ている間以外、どこかしらの筋肉を緊張させている。手足の動きとハスキー漏れボイスが独特。好奇心と人に恵まれ、幼稚園から大学まで普通校で学ぶ。独り暮らし、結婚、子育てをし、平凡で幸せな時間をすごす。2008年、夫(高校教師)が2年間のがんとの共生後死亡。専業主婦を廃業。絶望の中、息子にいのちの根っこを支えられ続け、2012年、地震などで被災した障害者を支援する団体「ゆめ風基金」に入職し、7年勤める。現在、人間修行中。著書に「千夏ちゃんが行く」(飛鳥新社)がある。

SHOGAI MUST GO ON!
障害マストゴーオン!

2019年12月15日　初版第1刷発行

著者　福本千夏
校正　荒井 藍
DTP　松井和彌
編集協力・出版プロデュース　野口英明
企画・編集　黒田千穂
発行人　北畠夏影
発行所　株式会社イースト・プレス
〒101-0051
東京都千代田区神田神保町2-4-7久月神田ビル
TEL 03-5213-4700 ／ FAX 03-5213-4701
HP https://www.eastpress.co.jp
印刷所　中央精版印刷株式会社

ISBN978-4-7816-1844-9
©Chinatsu Fukumoto 2019, Printed in Japan
本書の内容の一部、あるいはすべてを無断で複写・複製・転載することは著作権法上での例外を除き、禁じられています。
落丁・乱丁本は小社あてにお送りください。送料小社負担にてお取り替えいたします。定価はカバーに表示しています。